打開天窗　敢說亮話

FAM

天窗出版

跟孩子說OK

釋放孩子的 99 種可能

沈夫人國際親子台作者
吳凱霖（Bonnie）　著

目 錄

Chapter 1 It's OK，孩子可以做自己

Chapter 2 It's OK，家長可以幫助孩子做自己

推薦序

接到這書的初稿時，有一份莫明的親切感。記得 40 多年前接手家母所創辦的學校時，我們相信「每個孩子都是獨一無二的」，因此我們在教育時強調培養每一個孩子的天賦才能，重視他們每一個所擁有的特質。看到 Bonnie 談孩子的 99 種可能時，我很高興，社會上有愈來愈多家長樂意欣賞孩子的獨特性，「以個性為本」，鼓勵孩子有更多的創造性和探索精神。

在此同時，Bonnie 提及培養孩子的基本之道，舉其一、二：如「堅持原則，他才會慢慢改變起來……」、「放任孩子，讓他有『太多自由』，反而不能令孩子享有真正的自由。」這些都是很多爸爸媽媽未能認識到的。

從事幼教，近年見證著社會的變化，不論是家長、老師及孩子，也與 80、90 年代的截然不同。從前的手機，並不會取代孩子成為父母的飯腳；過往的遊樂場，不設太多保護好讓孩子能夠冒險，這些時代與科技的「進步」，讓我們今日的孩子，面對更多的沖擊和機遇。相信孩子的能力，提供多元化的學習環境，是讓孩子能無懼迎接時代挑戰的重要基石。

我特別喜歡書中「和孩子閱讀世界」這一章節，在瞬息萬變的地球村，要認識世界動態，才能追上時代洪流，多聽多看多想是學習成長的不二法門。Bonnie 的文

章理論與實踐兼備，有虎媽與象媽的 Lexile 數字之爭，也有讓孩子由聽故事者成為說故事者的分享，她提到的不少書籍更是我們在「家長閱讀分享會」中的指定讀物。

其實不單孩子要閱讀世界，為人父母也要具有全球視野。書中提到的「空中圖書館」，不單對小孩子而言是恩物，對不少經常公幹的父母來說，也是個天大的喜訊。一本書，一程機，一個簡單舉動，就把閱讀內化為生活日常的部分。

Bonnie 這本書還有很多育兒的專業知識。裡面有很多「愛心網站」、「愛心資料」。這位媽媽帶著愛心為女兒作了很多研究，從網上搜集、聽講座、看資料，有幼兒教育家的、心理學家的、神經科學對學習研究的……是一本珍貴的幼教寶庫。

在教育孩子的歷程中，家庭和學習環境起著最關鍵的作用，故在辦學時除了著重師資，我們也非常重視家長教育。我們相信唯有在兩者相輔相承的配合下，孩子方能盡展所長。透過裝備家長，分享育兒教養經驗，讓他們知道各地家長所面對的難題與洞見，是非常值得鼓勵的。衷心希望這本書，能在家長教育這範疇出一分力。

耀中教育機構、耀中國際學校校監
美國伊利諾大學榮譽博士、香港教育學院榮譽院士、英國巴斯大學榮譽法學博士
陳保琼博士

推薦序

　　這本小書應當是很受歡迎的作品。它首先會給人得到一個第一印象——悅目，因為無論是鋪排或著色都充滿心思。當然更重要的是內容，這是一部育兒寶鑒，值得人手一冊。整本書有六章，代表六大建議，分別是讓小孩做自己、幫小孩做自己、放手讓小孩成長、和小孩談重要話題、跟小孩一起閱讀以了解世界、最後是讓孩子經驗世界。綜合成一個大原則就是一套以孩子為中心的教育理想，其中的重點是要尊重小孩的個性、承認兒童有無限的想像力與創造潛能。這些論述不一定全都新鮮，卻是作者的親身經驗和肺腑之言。再細看一下，讀者們可能發現，作者對這些原則如何在實踐中充分發揮有一針見血的陳述。怪獸家長看了應當汗顏不已。我年輕時的育嬰行徑當年自以為正確的，如今回想起來，原來犯了以自己期望為中心的大錯。我最近添了孫子，正好向我的兒子與媳婦推薦本書。

　　除了中心內容以外，我也特別喜歡書裡提及的育兒最佳範例。更讓讀者興奮的是作者使用五花八門的方法來介紹這些範例。比方說，引述 http://www.alike.es 有關兒子的熱情、創意和諸多色彩怎樣改變了他的爸爸也變成富顏色的人。書中又利用 Loris Malaguzzi 的詩 *A Hundred Language* 來讚揚孩子們也有一百種語言。再而，有一張照片呈現出作者的幽默。一名女童手持標語牌，其上方寫「Old Tai Po Police Station」跟著下面兩排分別是「Name: 雪雪 」「Offence: 肥」。雪雪正是作者的乖女。

還有不得不提的是作者如何廣泛引經據典、直接或間接地推銷她的育兒心得。茲舉數例如下。首先是 Eric Erikson 的心理社會發展論所提及的，小孩在一歲半到三歲是想往建立自主性的階段。其次是有明星效應的例子，即碧咸為了女兒通宵達旦用 Lego 搭建城堡。這事蹟上了 David Beckham Instagram 立即吸引了萬千媽咪。還有一個值得提的例子涉及名設計師 Günter Beltzig。他曾在倫敦海德公園與戴安娜故居肯辛頓宮之間設計了一個著重環境、小孩、家長之間的互動的遊樂場。Beltzig 曾在接受一次訪問時表示說「所有空間也可以成為孩子們的遊樂空間」。書中提到國際組織有關學校裡的學生欺凌同學的調查研究。這些例子反映作者能運用多元的角度去讓讀者深入地了解育兒的技巧。因此，這本書更值得我大力推薦。

香港中文大學政治與行政學系榮休講座教授

關信基

推薦序

　　Bonnie 會寫親子專欄，源自一個家庭會議。第二個孩子出世前，她希望多請一個外傭，而我一直不同意，認為兩個外傭照顧兩個孩子有點奢侈，於是打趣説「除非她們能自己負擔」。結果，我介紹了一些媒體讓她寫文章，請了一位海外朋友當她的親子研究助理，然後由我的專頁轉載，這樣媒體既可以交數，她又能賺一些外快，倒真的可以補貼第二位外傭的薪金。寫著寫著，居然又有出版社覺得可以結集成書，無心插柳，莫此為甚。

　　不過話説回來，一個人妻的能量，只要有了目標，也可以很驚人。Bonnie 在中環上班，白天要應酬一堆社會賢達，然後晚上讀親子碩士，再寫文章，加上到了今天還堅持天天餵母乳，確實令人有理由包容她的日經和脾氣。然而這樣辛苦，究竟為甚麼？我們多次檢討，今天的總收入，也許是我們出道時的十倍，生活質素卻毫無提升，反而每況愈下，時間更少，壓力更大。但她原來是有目標的：開自己的興趣班、兒童學校，好讓自己能脫離現在的人生規律。在網絡世界的全新社會規則，以往的一切結構都已被打破，我也恍然，這也不失為有價值的事，於是也開始和一些朋友研發兒童國際關係教材，並醞釀不同教育項目。有一個共同目標奮鬥，始終，才是維繫夫妻關係的良方。

這陣子，我們睡前，會看 Netflix 的一集 *The Crown*。我從小到大，都視英女王的待人處事風格為楷模，深信人與人的感情，不應該、也不需要每時每刻放在口邊，或一切形於外。對人説話應該愈少愈好，語言通常只會扭曲訊息，而不是用來溝通，而真正值得嘴嚼的答案，通常表面上都模棱兩可，根本不是言語所能表達的。但 Bonnie 的人生觀恰巧相反，需要很多通常是無意思的説話，不時放縱自己扭曲邏輯處事，情緒大起大落。看電影時，她經常問「為甚麼她這樣」、「這是甚麼意思」，我的回答從來是一個眼神，或嘴部勉強移動，相信她應該能領略。然而，孩子們出生後，我們都不得不妥協。

　　這就是人生。

沈爸爸、國際關係學者
Simon 沈旭暉

自序

　　這其實不算是一篇自序，因為我不是真正的作者。真正促成這書的作者，是雪雪和雪糕（我的大女兒和小女兒），沒有她們，我根本不會想再讀書、也不會努力爬格仔、更不會有這樣的一本書出現。跟老公相識在國際關係課，當年的論文同樣是研究中美關係，那些年我們曾一起在報章談美國大選。那時我以為，他日若有機會寫書，題目一定離不開國際關係。結果，這也不算是錯，只不過在國際與關係之間，因為我們的兩個女兒，故加了「親子」二字。由爸爸認為好型的事，變成好 Family 的事。

　　讀幼兒及家庭教育課與寫文章，都是在年多前同步發生的事，學校取錄了我時才知道懷有雪糕，那時沒想那麼多就開課了，又以為只要把上課學到的東西寫出來，寫文章也應該是件輕鬆事。結果沒想到，雪糕是個晚上不肯多睡的 BB、一把年紀再讀書原來很吃力、有兩個孩子在家要專注寫文簡直是天荒夜談……所以現在回看，也不知道是如何走過的。

　　但我很感恩有這樣的人生一頁，課堂教曉我用不一樣的眼光看孩子，因此我有一份自覺去拒絕規限孩子，抗衡要求她們活出單一的所謂「成功」之路的價值觀。雪雪性格內斂容易害羞，若不是了解到孩子各有不同的 Temperament，大概我會非常擔心她的發展。（當然，事實上我亦要接受，尤其在升 K1 的面試中，她

不免蝕底，我們會收到不少拒諸門外的回覆。） 雪糕天生嗓子大又愛哭，若不是明白幼兒哭鬧的真正意思，也許我已標籤她為「曳曳」的寶寶。更重要的是，在不知不覺間，這些文章已成為了我的親子周記，變相提醒我要更留意孩子的成長，以及從孩子角度看事物。回看文章時，看到自己跟孩子的成長路，也是樂事。

最後，我不得不多謝沈爸爸，雖然他外表堅持「冷酷到底」，但他用很另類的方式支持了我。他不曾鼓勵我寫作，但他著助理跟我分享在不同平台找到的國際新聞及資訊；他從未讚賞過我任何一篇文章，但每次也在 Facebook 專頁分享文章（並揶揄一番）；他依然認為我的作品只有業餘水準，但他會向我查詢每周跟孩子進行親子活動的點子。

不單孩子有 100 樣可能，夫婦合作親子也有 100 種方式，在寫「碧咸通宵為女砌 Lego」一文時提過，爸爸媽媽與孩子截然不同的互動，就是開闊孩子發展的鑰匙。謝謝跟我一同上「為人父母」這一課的你，也謝謝願意與我們同路的每一位，包括願意看到這裡的你們！

吳凱霖（Bonnie）

Chapter **1**

It's ok,
孩子可以做自己

別拿走孩子的 99 種可能
It's OK to be different

「媽咪，你睇，而家塞車呀！」前兩天我跟雪雪坐車，車子在路上停了好一陣子不動時，她這樣說。

我禁不住笑著回答：「係呀，今日落雨，車會行得慢啲，有啲塞車。」

孩子具創造力

我驚訝於這個兩歲多的小朋友，竟然知道甚麼是「塞車」，看她一臉正經地向我「匯報」路面情況，真的不能小覷她。這兩個月，雪雪的興趣表新增了「交通」一欄。每次外出時，她就問我：「今日要不要搭車㗎？」當我告訴她「要」，她下一個問題就會問：「那今日要不要過隧道？」有時她會主動提出路線，告訴我們今日想行大老山隧道，還是獅子山隧道。以往雪雪愛玩 Lego，起

初她很少把 Lego 砌成交通工具，只會把它們變成煮飯仔或遊樂場。近日再跟她玩，經已變成砌隧道、砌車車了。

同一個小朋友，幾個月間，不論是興趣抑或能力已有很大分別。對著同一套玩具，她們可以變出截然不同的內容，紅色綠色的 Lego 配件，轉眼由飯枱變為紅綠燈，這就是孩子的創造力。雖然雪雪愛上車車，但手腳協調不太好的她，平日只停留在看車的份兒，反而好朋友謙謙是班上的賽車手，經常在 Playgroup 的自由時間「飛車」，雪雪更是他的粉絲。

同樣喜愛車車，不同孩子的表達手法也大相逕庭，雪雪用眼睛看、用 Lego 拼砌；謙謙用腳踏、用身體去感受速度。的確，每個孩子也是獨一無二的，用心觀察孩子的成長，就一定會發現他們生命充滿可能。

愛的「一百種語言」

愛研究學前教育的朋友可能也對 Loris Malaguzzi 略有所聞，他來自意大利的 Reggio Emilia 城鎮，曾寫下一首很漂亮的詩名叫「一百種語言」（*A Hundred Language*），內容正是講出小孩子的無限可能（見後頁）。

孩子本來就擁有無限的想象力，他們的語言和表達方式何止一百種，孩子生來就充滿創意，但我們卻經常把當中的 99 種可能性都拿走。

學校告訴孩子，要做個「聽話坐定定」的小朋友；家長們告訴孩子，要做個面試「表現一流」的小朋友；教育制度告訴孩子，要做個「考試成績好」的小朋友。這，

就是我們社會要求的一種「倒模人生」，另外的 99 種可能性？對不起，這社會並沒有給它們出路，換句話就，是不存在的。

尊重孩子的特質

以 Loris 實踐教育理念的城市名命的瑞吉歐教育法（Reggio Emilia Approach），在各地備受推崇，並曾於 90 年代獲 *Newsweek* 評為「全球十大幼兒教育」。它提倡以孩子為中心（Child-centred approach）、尊重每個孩子特質的教學方式，並盡力保留孩子的探索和學習本能。他們認為幼兒教育應由孩子主導學習方向，而不該是由老師 / 學校設計一套課程，然後硬塞給性格及特質都完全不同的孩子。小朋友要透過親身經驗來學習，鼓勵他們以不同的語言來表達，並不只限於用説話，也可以運用畫畫、戲劇、泥膠甚或 Lego 等方式演繹，這些就是那一百種語言中的部份。

要行這一套，學校 / 老師需要大量配套及高度彈性，實踐時所遇的困難不難想像。但作為家長，我們何不由自己做起，由今日起，定意尊重孩子的特質，讓他們以自己的「語言」去表達感受，並放手讓他們去發掘及發揮自我潛能，就是送給孩子最好的禮物。

The hundred is here!

A Hundred Language

A hundred.
Always a hundred
ways of listening
of marveling, of loving
a hundred joys
for singing and understanding
a hundred worlds
to discover
a hundred worlds
to invent
a hundred worlds
to dream.
The child has
a hundred languages
(and a hundred hundred hundred more)
but they steal ninety-nine.
The school and the culture
separate the head from the body.
They tell the child:
to think without hands
to do without head
to listen and not to speak
to understand without joy
to love and to marvel
only at Easter and at Christmas.
They tell the child:
to discover the world already there
and of the hundred
they steal ninety-nine.

They tell the child:
that work and play
reality and fantasy
science and imagination
sky and earth
reason and dream
are things
that do not belong together.
And thus they tell the child
that the hundred is not there.
The child says:
No way. The hundred is there.

- Loris Malaguzzi

不要倒模人生
It's OK to be shy

雪雪的農曆新年過得很開心，因為大家都爭著派利是給她，又因為雪糕妹妹年紀太少不便外出，她更代妹妹收埋所得的利是，所以到每個地方拜年也滿載而歸。小朋友收利是當然歡歡喜喜，不過到長大後，收利是卻變成另一種「壓力」。

近年的新年前夕，網上都會流傳不少神級回應，教人如何面對親朋戚友的過份「關心」。他們的善意提問背後，其實都預設了所謂「理想人生」的公式，年輕人總要有學位、找份好工，若干年後要晉升、買樓、30 歲前要結婚、婚後 3 年內要有小朋友……倘若我們的人生不是跟從這軌道運作，身邊總會出現忽然擔心你的人。

別為孩子預設成功方式

這種預設人生公式，打從孩子出世的 Day 1 已開始。上哪所學校、玩哪種樂器、學哪種語言，無一不是港爸港媽所關注的問題。與其將這些怪獸現象歸咎於家長，不如反思為何我們社會對成功只有狹隘單一的定義，令家長們無奈地把孩子的人生變成倒模。

　　早前在網上看到一套由西班牙導演 Daniel Martínez Lara 及 Rafa Cano Méndez 製作的動畫小品 *Alike*（http://www.alike.es），他們將為父的心聲轉化成故事，用 4 年時間做出了這 8 分鐘的感人片段。片中的男女老幼生活在這刻板的城市，全市都是沒有顏色的人。可幸的是 Copi 爸爸有個充滿熱情、創意和色彩的兒子 Paste，每天下班後，兒子的擁抱和笑容都把 Copi 爸爸由沒有顏色變回有顏色的人。

　　Copi 每天為口奔馳，與大多數家長一樣，他希望為兒子將來鋪路，故辛勞工作，努力為兒子規劃人生。有天，當父子二人一如以往背著沉重的公事包和書包上班上學時，在路上遇到另一個充滿色彩的人──一個站在樹下演奏的樂手。Paste 眼睛發亮，停下駐足觀看，他嘗試告訴老師和爸爸，那樂手演繹的，是多麼令人嚮往的人生。不過，每一次告白後，Paste 都被爸爸和身邊人的拒絕及失望的眼光打沉。

　　Paste 無奈地棄掉對那演奏的熱情，重新投入刻板的校園生活，而他身上的色

資料來源：http://www.alike.es

　　Paste 無奈地棄掉對那演奏的熱情，重新投入刻板的校園生活，而他身上的色彩亦日漸褪掉。當爸爸發現兒子失卻笑容，亦失去令他重新變色的能力時，他終於明白，「倒模的人生」偷走了真正的兒子。

「社交障礙」沒大不了

　　這段短片令我想起雪雪，當初被爸爸評為有「社交障礙」，故千方百計希望她變得 social、少點害羞，大概他覺得太害羞的孩子會很「蝕底」。雖然根據我平日的觀察，雪雪頂多是慢熱，絕不是爸爸口中的「障礙」，但也不免擔心女兒將來的發展，故也特意安排她上 Playgroup，打算令她變得主動。

　　直至在上幼兒發展的課程時讀到 "Temperament" 一課，我才真正明白，每個小孩都各有不同氣質，即使面對同一樣的環境，也會出現不同反應，有些孩子性格熱情、有些孩子天生內斂，但最重要的是，沒有哪一種氣質比另一種優越。It's OK to be shy，怕羞就怕羞吧！

　　這不是任何病，也不是甚麼問題。真正有問題的，其實是我們對所有人和事，都有一套既定的評分標準；故在這個功利的社會，不自覺地要求小朋友做自己心目中已規限了的「好孩子」，活出倒模一樣的人生。可幸的是，她 Playgroup 的老師也尊重每個孩子的獨特性，從沒打算或要求改變她，我亦反思作為家長對孩子所謂的「生涯規劃」。

　　害羞的雪雪也許在將來入學面試時會有點「蝕底」，但我相信讓她活出真正的自己，比改造她成為旁人眼中的「好孩子」更重要。雖然拜年時，她沒有口若懸河的「恭喜」大家，但一臉腼腆的她還是媽媽心目中最可愛的孩子。

　　別要求孩子活出倒模人生，更不要讓孩子失去原有的色彩！

Trouble Two：一味 say No
It's OK to say No

「Trouble Two」是不少父母的噩夢，一到兩歲，好孩子變小霸王。雪雪正值此「麻煩」階段，現在人家問她甚麼，她也以 No No No 回應。看著這個小朋友 say no，一副小大人的模樣，有時我也被弄得哭笑不得，連沈爸爸也禁不住模仿她拒絕人時的語氣神情。

雪雪的語言表達能力一向不錯，以往無論問她甚麼也好，她總是非常正面地回應，從不説「不」。問她：「一齊去玩好不好？」她總會答「好」；問她：「錫不錫爸爸」也一定答「錫」；有時爸爸逗她，問她：「雪雪肥不肥？」她也一臉自信，肯定地答「肥」。

孩子希望建立自主性

那時跟她溝通的大人非常興奮，但其實細心一想，就不難發現，當時的對答其

實未算真正的交流，雪雪明顯未完全理解問題，只一廂情願地根據起初學會的語法回答。所以，當我問她「雪雪乖不乖」，她會答乖，但當兩秒後我再問「雪雪曳不曳」，她也會答曳。

正面一點看，孩子現在開始說不，也是一點進步。起碼，她的認知能力開始提高，自我意識正在萌牙，她想要更多自主性，不想「被選擇」，因此抗拒大人的建議。根據 Eric Erikson 的心理社會發展論（Theory of Psychosocial Development），一歲半到 3 歲的孩子在這時期希望建立的是「自主性」，這階段的發展是處於 "Autonomy Vs Shame/Doubt" 的危機中。他們想表達自己經已長大，雖然實際能力還是有限。不止大人面對這階段的小朋友覺得頭痕，連小朋友自己也會容易「忟憎」。

不少家長也知道這是時候要為小朋友設限，訂立界線，既然這是老生常談的課題，哪為何很多家庭也還是陷入苦惱當中呢？著名匈牙利幼教專家 Magda Gerber 及她的門生 Janet Lansbury 就綜合以下三個原因，致令家長（或其他照顧者）沒有落實為孩子訂立規則及界線。

1. 不想寶寶哭

首先是，我們都不捨得孩子哭，每當孩子出現較強烈的情緒反應，我們要麼就立即作出安慰，要麼就急得忘了原本想跟孩子所定的底線。以我們為例，雪雪是家中寵兒，作為第一個孫，家中長老們都疼愛她，也不自覺地經常遷就她。看到她哭，全都會張開雙臂給她擁抱，然後把原本預備跟她說的東西，全都拋諸腦後。

好幾次在午睡時間前，我們告訴她要收拾玩具然後睡覺，很多時她都大叫 No, No, No，然後開始哭鬧發脾氣。看到她不高興的樣子，於是大家又讓她多玩幾分

鐘，如是者三分鐘又三分鐘，雪雪知道睡覺時間可以退讓，自然每次也以同樣手法推遲午睡。

2. 人生要設限？

坊間對 Set Boundaries 有很多不同意見，有人認為只涉及安全性的課題才需要設限，亦有人認為應讓孩子自然發展，一旦定立規矩，就好像為他們的人生加了罰則，限制發展。其實立場堅定，並不一定需要「惡」及「罰」，孩子可以有不同的個人發展，但同時需要讓他明白對錯及學習理解他人的感受。

孩子有時會因為我們的堅持而鬧情緒，我們可以接納她的情緒（不開心），但卻不能縱容她的行為（大吵大鬧）。唯有當我們冷靜接招，並一致地堅持原則，她才會慢慢改變起來。

3. 還我自由

不少人認為訂立界線會令小朋友失去自主、沒有自由，事實卻剛好相反，放任孩子有「太多自由」，反而不能令孩子享受真正自由。有清楚界線、一切都有可預測性，是孩子安全感的來源，同時亦讓孩子不會將心神停留在如何測試大人的底線上，反而可以更專注地投入玩耍，以及與其他小朋友真正交流。

雪雪上的 playgroup 有茶點時間，每到茶點時間，雪雪都會搶先選擇她心愛的豬豬口水肩。有一次，雪雪與同學 A 上演了一幕口水肩爭奪戰。這次，雪雪慢了一步，同學 A 帶上她心愛的豬豬口水肩，雪雪哭得很厲害，不斷發脾氣哭鬧，務求要得到「豬豬」才肯罷休。起初老師們也嘗試讓她明白情況，她卻全聽不進，

只是繼續哭鬧。這一次，我們絲毫沒有退讓，最後，直到同學 A 吃完茶點，放下「豬豬」口水肩，雪雪就立即跑向前，自行拿起戴上，然後才再展歡顏，努力完成下午茶。

雖然這個過程有點「肉赤」，但她總算明白有些東西是要大家輪流使用的。也許接著還會有不同回合的口水肩爭奪戰，No pain, No gain。冷靜、堅持、一致、設界線，一同協助孩子走出 Trouble Two！

家中添了新成員
It's OK to be upset

常聽說有了第二名小孩，老大有機會行為大倒退，要好好處理她的感受，不要讓她覺得因老二出現而失去了父母的關注。於是打從懷有「雪糕」開始，我便嘗試多做功夫，參考坊間處理大小孩子相處的各種實用小知識，做好準備，好讓雪雪適應。畢竟，那時她還是個未到兩歲的小孩子，仍在「以自我為中心」的幼兒階段，有很多感受都未必懂向我們表達。

招數一：提早給姐姐心理準備，預告妹妹將會出現

於是由我的肚子開始明顯隆起開始，我便指著肚子試圖告訴雪雪，裡面有個「妹妹」，多說幾次後，她好像開始明白了，更懂得走過來指著我的肚子，笑笑口喊道：「妹妹、妹妹」。當時，我覺得很欣慰，覺得她踏出了接受妹妹的第一步。

不料，數天後，我媽來探我們，雪雪興奮的跑過去叫「婆婆」，然後竟指著婆婆的肚子（我媽身形也有點份量）滿有自信的大喊「妹妹、妹妹」，我們被她弄得哭笑不得，方才明白原來在她的世界，隆起的肚子等於是「妹妹」。

　　細心一想，其實她沒有弄錯，只是我教她時，沒有清楚讓她明白，「妹妹」是一個生命體，而不是一個身體部位。

招數二：讓她參與照顧妹妹的過程，當個好姐姐

　　於是，我嘗試請教其他媽媽，改變一下策略，希望讓姐姐參與新生嬰兒的照顧。我當時打算在妹妹出世後，替妹妹更換尿片時，可以請雪雪替媽媽拿出新尿片，又或者，在替妹妹換衣服時，請雪雪幫我挑選妹妹的衣服等等。

　　為了盡早進行預習，在妹妹出生前 3 個月，我買了一個 BB 公仔給雪雪，並稱這公仔為「妹妹」，試圖讓雪雪明白，妹妹將會是一個 BB。雪雪最感興趣的，不是 BB 公仔，而是套裝內的玩具奶樽，她二話不說，就把奶樽放入口中，自我陶醉。在雪雪眼中，家中唯一使用奶樽的人是她，所以，奶樽理所當然是屬於她的。家人都一起試用這公仔教她學習照顧妹妹，漸漸地，她好像跟「妹妹」玩得頗投契。

　　正當我再次以為能夠放下心頭大石時，才發現她喜歡把妹妹當作實驗品，一時把「她」放到圍欄邊，一時擺「她」在沙發邊，然後測試一下「她」能不能坐穩，有好幾次，我聽見雪雪說：「哎喲！」然後，便看見妹妹在沙發旁邊掉了下來。我再一次汗顏，生怕雪雪將來會照辦煮碗，拿真的「妹妹」來「較飛」。

招數三：替小 B 買份禮物給姐姐，令姐姐對她產生好感

經過一輪失敗預習後，唯有寄望替妹妹預備一份禮物，在出生時送給家姐，希望妹妹出世時，她也會覺得開心。怎料我這大意的媽媽，在入院時竟忘了拿這份禮物，到雪糕出生當晚，我媽帶了雪雪來醫院探我，雪雪看見我抱著妹妹，表情詫異。

她原打算拉著我的手，要我跟她回家，卻發現我和妹妹要留在醫院床上，她當下急得哭了起來。我當時有點內疚，原希望讓她一同分享喜悅，卻因為媽媽冒失，沒有帶小禮物，又不能回家陪伴她，當晚，雪雪一定覺得很難過。

招數四：無招勝有招，給孩子空間成長

出院回家的頭兩天，雪雪變成「貼身膏藥」，對我寸步不離。不但沒對妹妹表示興趣，若發現我抱著妹妹，便會不斷嘗試叫我放下她，交給其他人抱。當時我的世界一片混亂，不但是雪雪，連我自己也有很多方面要適應，故我也不再強求雪雪對妹妹表示喜愛。

我只能做的是繼續一如以往，每天都抽些時間，與雪雪一起玩煮飯仔和車車，然後每晚在雪雪睡前，也跟她說說小故事。一星期後，雪雪開始對這新生命體產生好奇。有天，她忽然拿小凳出來，放到妹妹床邊，站在凳子上觀察妹妹，並嘗試用手篤一下她。我在旁邊靜靜觀察，微笑著告訴雪雪：「這是妹妹。」她指著雪糕，似懂非懂地說了一聲：「妹妹。」

當晚，我跟雪雪講睡前小故事後，她叫我拿起蠟筆畫畫，先是叫我畫爸爸媽媽，然後我再畫了一個小女孩和一個BB。雪雪指著圖畫告訴我，他們是：「爸爸、媽咪、雪雪、妹妹。」

對，這就是我們一家四口了！

原來，孩子在不知不覺間成長了。之前千方百計希望雪雪接受妹妹，卻忘了最重要是要信任孩子，讓她在愛中成長。

我們對孩子的陪伴與空間，其實比一切招數更有效。

家姐呷醋點算好？
It's OK to be jealous

　　雪糕剛滿半歲時帶她到診所打針，打針前望著她肥美的大腿，想起半年前她初來報到時的感動，一切也仿如昨天。相信對雪雪而言，這半年也一樣過得絕不容易，想起她們姊妹倆初次見面，雪雪當時的困惑樣子、婆婆帶她離開醫院回家時的嚎哭情景、妹妹回家後，她眼神中流露的擔心，以及要由家中唯一的孩子變成大姐姐的種種適應。

對孩子期望要合理

　　身邊的友人一直為不同家庭提供輔導，她處理過不少家中小孩忽然出現極端行為問題的個案，在許多情況下問家長「近來家中是否出現了甚麼重大轉變？」，答案都是「我們家中多了一個BB。」所以在 *The Boss Baby* 卡通片中，Timothy Templeton 看到 Boss Baby 的反應，是非常寫實的。

　　兩個小姊妹相處了 6 個月時，我為她們的相處來個小小回顧，因為對雪雪來說，這的確是她人生中（至少暫時）遇上最大的轉變。

黎明所謂的「左手又係肉，手背又係肉」是對的，父母當然希望孩子們相親相愛，我亦不例外。不過，期望歸期望，同時也請調節一下，我們給孩子的，是不是「合理期望」？不要忘記，無論小孩子心裡有多喜愛新弟弟／妹妹，父母對他／她的關愛不多不少也會受到影響。這是他們很實際需要面對的狀況，加上小孩子未必懂得用合適的言語表達，當他們感到有冤無路訴，反抗的行為便成了他們一個主要宣洩情感的方法。

以雪雪為例，她不是不喜歡妹妹，每天早上起來，她也會肉緊地攬一下妹妹示好，但當她一發現家人的注意力由她身上轉移到妹妹，她就會焦躁起來，急急大叫起來，並吩咐我：「媽咪，你唔可以抱妹妹呀！」其實雪雪只不過是想告訴：「媽咪，你唔好只係照顧妹妹，而忽略咗我呀！」當我們願意用孩子的角度，嘗試翻譯一下小朋友的說話，就會發現她／他的反應，其實也很合情合理。

以真心相信孩子能做到

當然我還是得讓她明白，不是大吵大鬧就能如她所願，故唯有跟她慢慢解釋：「我知道你想媽咪同你一齊玩，妹妹又想一齊玩，不過佢仲係個 BB，連坐凳仔都未識。雪雪，你覺得可以點呢？」雪雪想了一想，就望向婆婆，再望一下我說：「媽

咪放低妹妹俾婆婆抱住，同雪雪一齊玩。」然後，她便很高興地跟我們（包括妹妹）一齊玩。雖然她還是繼續以自我為中心（這不是自私，而是這年紀孩子的特性。），但由「唔可以抱妹妹」到「放低妹妹俾婆婆抱住」的轉變，你看到孩子的進步，以及她能找到方法，有解決問題的能力嗎？

雪糕還是很小的時候，我總擔心肥嘟嘟的雪雪會不小心撞傷或太肉緊攬著妹妹，不自覺地阻隔了小姊妹建立感情。現在想起來，也覺得自己有點神經質。很多時我們口說要孩子做個好哥哥／姐姐，但除了不斷要求阿哥家姐把一切讓給細佬妹以外（記著，It's OK not to share! 詳見之後的文章「以 Sportscasting 引導孩子自己分享」），其實並沒有真正信任孩子可以當好這角色。孩子能做得到的首要條件，是我們真心相信孩子能做到。

雪雪其實很想參與照顧雪糕妹妹，過往我既怕她會弄得地方一團糟、又怕她會不小心弄髒 BB 的東西（當媽媽的都明白，我們對衛生及清潔的要求特別高），不少地方也是她禁足的。當我看過 No Bad Kids 一書，反思到自己這種自相矛盾的想法，對孩子成長沒有幫助，便開始願意讓她適度參與，換片時由她負責遞上妹妹的新尿片、餵奶前由她負責把奶樽由廚房門外運送到梳化等。當然，我要承受她可能失手，把我辛苦擠來的母乳倒瀉的風險，但看到她小心翼翼地運送奶樽，珍而重之地看待這些重要任務，就這麼一點點險，為甚麼不能冒？

父母別為小事抓狂

最後，我很想跟各位父母分享，當我們能冷靜地不為小事抓狂，孩子的反應會出乎意料地 make sense。前幾日開始有少少鼻水的雪雪繼續如常地擁抱妹妹，我

當然擔心她會傳染傷風給妹妹，以往我可能會大驚，然後立即拉開她們。我愈見緊張，孩子的反應就愈見反彈。反而當我冷靜地在她輕攬一下妹妹後，跟她好好解釋，為她提供其他跟妹妹示好的方法（例如：把一個玩具拿給妹妹），她不但願意配合，甚至能主動提出其他方案（讓妹妹坐在「學坐凳」上陪她玩），我相信這是父母們都樂見的事！

呷醋為何不可？抓狂前不妨先深呼吸一下，爸爸媽媽們，加油！

寶寶，你可以大哭
It's OK to be fussy

 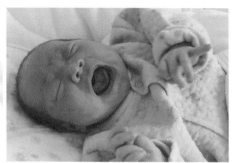

雪糕天生大嗓子，一哭起來就叫得驚天動地，不止愛靜的爸爸吃不消，家中老幼也聽得皺眉頭，大家也說：「這個妹妹比家姐惡死好多！」的確，她愛哭，又哭得大聲，肚子餓時哭、飲奶時又哭；PooPoo 時哭、換片時哭；放她在床時她哭、抱起她來又哭，弄得大家也不知所措。

面對小孩子哭鬧，我們的本能反應是安撫他，哪怕用的方法是抱抱、輕拍、搖動，還是塞上奶咀，總之就盡一切能力，試圖令 BB 的哭聲停止。對於雪糕，起初我也束手無策，抱起她時心裡總是想：「點解呢個妹妹咁難搞？到底要喊到幾時才肯停？」

讓孩子釋放負面情緒

剛好這學期的課程讀到 John Bowlby 的 Attachment Theory（依附理論），我才如夢初醒，學習以另一個角度去理解嬰兒。

很多人也聽過 Attachment Theory，但普遍的討論集中在說明父母／主要照顧者在孩子 0 - 1 歲時，需要積極回應嬰兒的各項生理需要，以幫助孩子建立安全感，卻少有討論，原來開放接受自己及孩子的情緒和反應，是建立安全依附關係的重要一環。只一味的制止自己及孩子發出負面情緒，並不會培養出開心果，相反會更多機會令孩子變成沒有安全感的「反抗型依附」（resistant attachment）收場。

我們一直都以為，當 BB 哭，我們要做的事是「制止」他哭，卻忘了其實不懂用言語表達自己的寶寶，只能透過哭聲向父母發出訊息或求助，哭是他們所用的溝通「語言」，嬰兒哭鬧，其實是正常不過的事，難道你會期望幾個月人仔的他會跟你說：「媽媽，我肚餓！」、「我牙仔痛呀！」

將心比己，試想想，當你每一次開口說話，對方也一味的叫你「收聲」、「不要再說了」，你會有甚麼感受？你會覺得受尊重嗎？你會喜歡這種溝通模式嗎？你會覺得對方了解你、值得信任？你真的希望孩子有這些感受嗎？

先冷靜 才能用心回應

所以，面對哭鬧的孩子，第一步是改變自己心態，不要 panic，先冷靜告訴自己，這是正常不過的事。唯有當我們開放地接納他們哭，才有空間真正聆聽孩子的需要。

當過媽媽的都有這經驗，當你用心去聽時，你會懂得分辨哪種哭聲是肚餓、哪種是要換片、另外哪種是扭抱。這種唯有媽媽與孩子之間的默契，值得我們好好發掘。

其實嬰兒會哭鬧，跟太陽由東邊升起一樣，是自然現象。若嬰兒不會哭，父母才更應擔心。撫心自問，即使是大人面對傷心或壓力時，何嘗不是透過哭泣去紓緩情緒。那我們更應理解，脆弱的嬰兒每天面對很多突如其來的挑戰和第一次，為甚麼我們不能接納他透過哭去治癒呢？

「哭」不等於「唔乖」

我跟家人起初也錯誤地認定，雪糕經常哭鬧，肯定沒有家姐乖。太早為孩子下定論，一廂情願的以為哭就是不聽話的表現。妹妹天生氣管較窄，不論是飲奶或呼吸時也不時發出像「哮喘」發作的聲音，可以想像當她「條氣唔順」時，真的很辛苦。與其怪責雪糕哭得多，倒不如對症下藥，找方法替她紓緩氣管的不適。

現在，我開始懂得珍惜她的哭泣，要不是她用哭聲告訴我，她的氣管被頂著，我又怎知道是時候替她掃風。她的皮膚容易敏感，過一段時間沒換片就會起紅疹，要不是她用哭聲告訴我，她正在處理「大事」，我又怎知道是時候換片。

父母的角色充滿難度，社會也實在存有太多迷思，我們也在不斷在錯誤中學習。千萬別被孩子的哭聲蓋過他們的心聲，我們真正要聆聽的，是他哭聲背後的「說話」。

如其跟寶寶說「不要哭」，不如聽聽他向你細訴「為甚麼哭」的秘密。

乜你咁肥嘅？
It's OK to get fat

「乜你咁肥嘅？」

雪雪由出世至今也是個大碼 BB，長踞生長線的高位，加上非常饞咀，對食物從不抗拒，所以身型準確地反映了她的食量。本來小孩子有點「肉地」，也是挺可愛的，我也不以為意。直至近來有一次，家人告訴我，雪雪在學校的走廊上，碰上一個高年班的哥哥，他望一望雪雪，然後就指著她向身旁另一個同學說：「乜佢咁肥嘅？」

雪雪呆在當場，不懂反應，幸好在她的認知內，並不知道亦從不覺得「肥」是一件壞事。我把這小插曲告訴沈爸爸，他反應冷靜，然後好像福爾摩斯般向我預言：「我估計她真正上學後，應該也是會被欺凌的一個。」

欺凌可以很「埋身」

當下輪到我呆在當場，雖然爸爸的回應令人啼笑皆非，但也讓我注意到，其實欺凌（Bullying），可以是很「埋身」、很常見的校園軼事。根據 OECD（經濟合作暨發展組織）在 2017 年公布的統計數字，它在 2015 年進行的「學生能力國際評估計劃（PISA）」中也有調查有關學生的生活滿意度，發現在全球 72 個受訪地區中，約 19% 學生表示自己在校每月最少有幾次被欺凌的經驗，即每 5 個學生當中就有一名常被欺負的受害者，情況令人關注。

OECD（經濟合作暨發展組織）「學生能力國際評估計劃 (PISA)」調查有關學生的生活滿意度

| 被推撞甚至被打 | 被毀壞或拿走個人物品 | 被威脅 | 被孤立 | 被惡意中傷 | 被取笑 |
| 4% | 4% | 4% | 7% | 8% | 11% |

學生表示在過去一個月內曾被欺凌　19%

資料來源： http://www.oecd.org/pisa/Well-being-Infographics.pdf

香港學生的校園欺凌情況更為普遍，32.3% 的本港中學生在自評報告中稱曾在校園受到某種程度上的欺凌，即接近三分一學生曾身受其害，欺凌的普遍性位列全球之冠。荷蘭的學生相對較少表示曾受到欺凌，只有 9.3%；內地及日本這些我們以為欺凌情況很嚴重的國家，則分別有 22.5% 及 21.9% 的學生受害。PISA 做這報告其中一個原因是，發現學生在多欺凌事件發生的校園讀書，較在少欺凌事件發生的學校讀書，在學科成績上——尤其是科學的分數，有非常明顯的分野，後者比前者的分數可以高出 47 分。不但如此，前者對學校的投入程度與生活滿意度也低於後者。

校園欺凌到底有多普遍？

下表列出不同國家的學生曾在校被欺凌的比例 (根據 OECD 在 2015 PISA 中的調查所得)

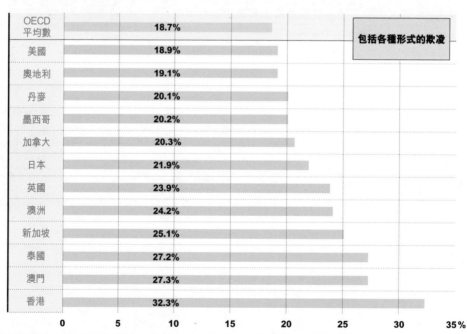

OECD 平均數	18.7%
美國	18.9%
奧地利	19.1%
丹麥	20.1%
墨西哥	20.2%
加拿大	20.3%
日本	21.9%
英國	23.9%
澳洲	24.2%
新加坡	25.1%
泰國	27.2%
澳門	27.3%
香港	32.3%

包括各種形式的欺凌

資料來源： **Twitter@OECD https://twitter.com/OECD/status/854622850732490753**

　　沈爸爸的預言，也許有一半準確，因過往的研究指出，在外表上有一定個人特徵的（包括年紀、外貌、體重、高度、種族等），相對較易成為被欺凌的對象，包括過重或矮小的孩子。不過，進行欺凌的人和被欺凌對象，也可以是完全沒有特別原因的。欺凌者不一定來自有困難的家庭，被欺凌者也可以是一個中等身型的友善同學。正如上圖所見，欺凌不一定用拳腳，口舌上的攻擊與相處上的排擠也是很常用的武器，當然，時至今日，網絡世界自然是另一重要戰場。

「家」是孩子最大的保護

　　雖然作為家長，我們不需要為子女掃除人生一切障礙，免得孩子失去建立抗逆能力的機會。但在面對欺凌，小朋友已在一個權力失衡的情況下，難以進行自我保護，老師及家長適當的介入，其實是需要的。不少學校亦已開始推行一些向欺凌 Say No 的計劃，包括為老師及同學提供培訓、透過角色扮演提供應對方法、鼓勵同學間的正常交往、共同定立校園的守則等。畢竟進行欺凌角色的，不少也曾是某種程度的受害者，在過往的經歷中錯誤地學上這一課，他也是一個需要幫助的角色。所以，反欺凌計劃不只是保護受欺凌的孩子，同樣是要幫助欺凌者成長。

在家庭的層面，我們要為孩子建立保護網，包括讓孩子從小擁有正確的價值觀和自我形象，其次是幫助孩子擴大社交圈子，並且透過與孩子在家演練應對，讓孩子能有自信、亦有智慧地應對被欺凌的處境。這樣，即使遇上欺凌事件，孩子也不會落入焦慮與憂鬱深淵。同時，我們也要從小讓孩子明白幽默笑話，與傷害人說話的界線與分別，千萬不要成為欺凌者。

作為家長，保持對孩子的支持和鼓勵，讓孩子知道「家」是隨時的避風港，才是對孩子最大的保護。

Sportscasting 就夠了
It's OK not to share

　　雪雪愛吃，單從她的蛋臉與身型便可看出。她吃東西時流露出的滋味樣子，令身邊看她在吃的人都感受到，「吃，真是一種享受」。每次到健康院檢查，都顯示她的體重生長線長踞於 97%，即在 100 個同齡女孩子中，只有 3 人比她重（換句話說，她比其他 96 人都要重）。不過，當你看見她食飯、食包和食餅時的滿足樣子，也不忍心扣減她的食物。

　　跟她上 playgroup，茶點環節是她每次上堂的 highlight。這個「為食」小朋友每次也主動幫工友移動枱櫈，務求令茶點時間能早點開始。幾個月前，學校為學生們添置了一大堆不同款式的口水肩，其中「豬豬」口水肩是雪雪的至愛，當同學仔都還在遊戲區玩樂時，雪雪早就走到用餐區，在箱內找出心宜口水肩，以確保用餐時不會給人家捷足先登。

口水肩爭奪戰

　　這個月收到學校電郵傳來的學習紀錄，其中幾張照片吸引了我的眼球，照片中的雪雪在嚎哭，另一張則是同學 A 將「豬豬」口水肩遞給雪雪。老師在學習紀錄中

當試用這次經歷作為例子，跟家長們分享該如何處理孩子的衝突，我也因此上了寶貴的一課。

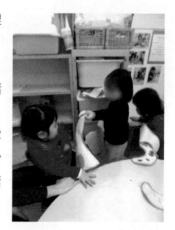

事緣兩個星期前，當雪雪又興高彩烈地帶上「豬豬」口水肩預備用餐，冷不防同學 A 衝到她面前，並在她身上搶去口水肩。換轉被搶的是其他東西，雪雪多半會慢半拍，眼睜睜地看著人家搶去，停一兩秒後，才會望向大人求助。但這一次，面對最愛的「豬豬」，她居然反應迅速，用手死命按著口水肩不放，不過，她還是爭輸了。

於是她急得立即大哭，跑向菲姐姐，希望有大人幫她搶回。換轉是你，你會如何處理？你會替她搶回口水肩？你會藉此機會教導她「分享」之道？還是會袖手旁觀？

老師當時著大人們都不要出手，然後老師分別在雪雪及同學 A 身旁轉述一次當時所發生的事。老師對雪雪話：「雪雪宜家好唔開心，因為佢原本想用嘅豬豬口水肩俾同學 A 拎咗，原來除咗雪雪之外，A 都鍾意呢個口水肩喎……」

另一位老師則告訴同學 A：「A，你好鍾意呢個口水肩，你都好想用，雪雪都係。佢宜家好唔開心，因為佢想用嘅豬豬口水肩俾 A 拎咗。」

Sportscasting 實況轉播

這個方法稱為 Sportscasting（或 Broadcasting），即在小孩子面對掙扎時，

以不帶批判性、只以事實陳述方式向小朋友形容一遍所發生的事，然後讓他們自行消化及作出反應。著名親子作家 Janet Lansbury 便在 *Elevating Child Care - A Guide to Respectful Parenting* 一書中推介這種做法。她認為家長們若習慣了主動替孩子出手，不單小看了孩子的能力，亦間接影響了孩子發揮的空間。相反家長插手得愈少，愈信任孩子有能力解決問題，他們將會學到愈多。

　　這方法有效嗎？那一天，當老師向兩位小朋友實況轉播後，雪雪還是繼續在哭，A 還是繼續拿著口水肩，似懂非懂的望向雪雪。不過，奇妙的是，到用餐前一刻，A 竟然主動走到雪雪身旁，將「豬豬」口水肩遞回給她，雪雪自然破涕為笑，這一場「衝突」在沒有大人真正「出手」下，由她們自行化解了。原來轉述一次情況，留一些空間，給她們多一點時間思考，根本不用大人提供 solution，教她如何處理，孩子自然懂得把搶了的東西交還。

　　而更令我驚訝的是，上星期，雪雪真的慢了一步到用餐區，至愛的「豬豬」口水肩當然早已被班上其他小朋友拿去，我以為她一定會急得哭起來，沒想到她只是輕輕說了一句：「『豬豬』有人攞咗，雪雪用（薑）餅餅人。」你看到她的改變嗎？原來經過上一次，她開始理解到，「豬豬」口水肩並不只限於她能使用，其他小朋友也會喜歡、其他人也可以使用的。當她明白了這一點，就再沒有被迫分享至愛的傷心感受。

讓孩子選擇是否分享

「分享」是不少父母也希望孩子學會的美德，我也不例外，但到底應在甚麼時候教導這課題，似乎也是一種學問。逢星期日我也帶雪雪返教會，起初我以為在宣揚愛的群體，一定是教導孩子「分享」的大好時機，於是不斷要求雪雪將自己的車車與人分享，卻忘了兩三歲以下的孩子，其實仍在以自我為中心的發展階段，未必懂得代入他人感受的概念。

當孩子興奮地把玩著自己心愛的車車時，我突然叫她分享，隨時帶來反效果。試想像她在不情願的情況下被迫分享，結果只會令她自此認為「分享」是一件令人傷心的事。當我希望孩子能將心比己時，我又有沒有切身處地去明白她？「甚麼東西可以分享」、「甚麼時候分享」真的是只應由父母決定的嗎？我們相信孩子有能力作出適當的決定嗎？

當有其他小朋友也想玩屬於她的車車時，其實我也可以嘗試實況轉述一次，讓她消化情況，然後自行作出反應。這個過程，對不論是面對需要分享的她，抑或等待玩車車的另一個她，也將會是一次重要的學習經歷。

套用 Janet 的說話作結，'Like all of the best child care practices, sportscasting works because it is about trusting our child's innate abilities.'

你願意相信孩子的能力嗎？

玩個夠
It's OK to focus on playing

　　曾帶過雪雪到夏威夷，她在當地愛上了海灘，也愛上了到戶外遊樂場玩。每日早上起來，就跟我說要去踩草地、瀡滑梯。踫巧當地雨季，草地及滑梯不時都充滿霧水。起初我也苦惱，「濕淋淋」如何帶雪雪去戶外遊玩，一定會弄得又濕又髒。後來發現當地家長都經驗老到，例必帶上毛巾一條，雨後在滑梯上輕輕一抹，然後就讓小孩繼續玩。入鄉隨俗，我當然也讓雪雪照玩如儀。

相信「玩」的力量

　　回到香港，我鼓勵家人平日多點帶她到遊樂場，不過，家中長輩對此有很多考慮，包括遊樂場的安全、戶外設施的清潔程度及正在變冷的天氣等等，固然這些都是合理考量。只是對比起 Power of Play，這些都只不過是小問題。在 Nat Geo Wild（國家地理野生頻道）會不時見到獅子、老虎、大笨象 BB 在草原嬉戲的鏡頭，動物就是透過不傷害同伴的遊玩活動，去學習求生技能及捕獵技巧。

　　哪我們的孩子呢？ 遊玩不單令他們快樂，更能幫助他們訓練大小肌肉、增加社交能力，以及學會溝通。可惜的是，現今的小朋友（尤其是港孩）到公園遊玩的時

讓兒童每日自由遊戲至少一小時
有助他們健康成長

圖片來源：https://www.youtube.com/watch?v=naa06Mclzj8

間，遠比幾十年前少。數年前 UNICEF 有一經典的洋蔥廣告，提醒我們還兒童「真正童年」，廣告中的「波波」走到不同小朋友的家門，試圖邀請孩子們去玩，卻被家長們以做功課、練琴、上補習課等理由閂閘。

電子產品和功課填滿了我們下一代的生活，遊戲時間與遊樂空間卻逐步萎縮。現今不少遊樂場設計只著重非常安全，但毫不人性化，亦不是由小孩角度出發。一個設計得宜的遊樂場，能幫助孩子發展。多倫多、倫敦、墨爾本等地都設有 Playspace Design Guide 或 Landscape and Child Development Guide。這些指引不約而同聚焦於以下幾點：1) 讓孩子在遊戲中學習與成長；2) 發揮遊樂場在社區的作用；3) 讓兒童在戶外探索，然後根據當地氣候，環境和文化列出設計細節。

多倫多的指引強調，「遊樂場為孩子帶來接觸戶外的體驗，空間設計得宜，比

單單放置遊樂設施更能幫助孩子發展。」倫敦的遊樂場指引則重視，「讓孩子更有探索精神和創造力，促進孩子的學習和解難能力。」原來家長們一直想孩子學會的，根本不用上甚麼雞精課程，單單帶孩子去玩就足夠了。

圖片來源：https://www.royalparks.org.uk/parks/kensington-gardens/things-to-see-and-do/diana-memorial-playground

「戴安娜記念遊樂場」的設計者 Günter Beltzig 曾在世界各地設計數千個遊樂場。一座落於倫敦海德公園與戴安娜故居肯辛頓宮之間的遊樂場，著重環境、小孩、家長之間的互動。隨之而來的，是一個有吊橋、海盜船、隧道、聲音牆、嬉水區與及大沙池的歡樂天地。

Günter Beltzig 曾在一個訪問中提到，遊樂場設計有六大黃金定律：

第一：　遊樂場應是一個吸引人（包括大人和小朋友）逗留的地方，而不是一個訓練場地。

第二：　遊樂場是一個讓人有空間探索的地方，設施可以有點隱蔽性，讓小朋友從中發掘他們喜愛的遊玩路線，解讀自己喜愛的空間。

第三：　遊樂設施能讓小朋友有機會冒險嘗試，同時給予不愛冒險的孩子有緩衝區。

第四：　遊樂場能容納不同程度小朋友的需要，不論他/她是大男孩還是小女孩。

第五：　真正好的遊樂場設計，能不使用警告標語，也能令使用者自然分區活動。

第六：　設計者需聆聽孩子的意見，小朋友喜歡的東西會隨年月轉變，每一代都有他們的獨特意見。

澳洲布里斯班南岸公園，座落於市中心，內有人造泳灘，再加上一片「探險」森林，配上河畔景色及幾間小咖啡屋，
是當地家庭經常造訪之地。
圖片來源：http://urbanplay.com.au/portfolio/riverside-green-south-bank/

　　不過，最後 Günter Beltzig 強調，他最希望的是自己有天可以「失業」，因為
當有一天各地城市都樂意讓小孩四處遊玩，他根本不用設計特定遊樂空間，因為所
有空間也可以成為孩子的空間。他的分享讓我想起雪雪在草地自由奔跑的一幕，雖
然弄得波鞋盡濕，但她玩得開懷。

　　將遊樂場重新帶進小孩的生活，既是 Günter Beltzig 的心願，亦是孩子的心聲，
讓我們還孩子真正快樂的童年。

擁有太多玩具並不好
It's OK to possess nothing but creativity

　　雪糕妹妹過一歲生日時，我們為她慶祝生日之餘，朋友家人也買了一些玩具給她作為生日禮物。為免雪雪呷醋，於是大家也另外買了一點點玩具給她，以示公平。如此一來，家中一下子就多了各式各樣的新玩具。雖然玩樂是很重要的成長過程，而大家也努力選購益智的玩具給孩子，但原來同時有太多玩具玩，對孩子並不是一件好事。最新一期的 *Infant Behavior and Development* 學術期刊中的研究就指出，玩具多少，與孩子玩樂的質素是掛鈎的。

創作力和幻想更重要

　　這個在美國進行的研究測試孩子在較少玩具的情況下，是否有更高質素的玩樂時間，結果顯示有較少玩具的一組孩子，不單能較專注在每件玩具，更能用更多不同方法/形式把玩該玩具。原來少一點玩具玩，對孩子反而是一件好事。也許我們在搜購聖誕禮物給孩子前，也值得看看少一點玩具的好處。

　　時下流行不少多功能的玩具，既又會發出音樂、又會説英語、更會學動物叫聲，這些玩具都各有好處，但不要忘記，其實孩子的想像力，才是最好的玩具設計者和

開發者。以雪雪為例，起初我因為她喜歡玩 Lego，於是不時經過玩具舖，也多買幾款 Lego 給她，包括買了一整個有遊樂場設計的 Lego 給她，於是她可以不用自己逐塊砌，也有滑梯可以給 Lego 公仔玩，我以為這樣是方便她玩，卻不自覺扼殺了她創造各式各樣遊樂場活動的機會，也遺忘了愛因斯坦的名言：

"Imagination is more important than knowledge"（想像力遠比知識重要）

　　直至早陣子，我送雪雪返學時，老師向我送上 4 格照片，是她在學校砌 Lego 時影的。老師說她那天努力地砌了很久（這就是很重要的專注力），然後砌了一個（以 N 班小朋友來說）很大的模型，同學們都忍不住過來問她砌了甚麼，她於是逐一解釋，「這個是會所」，那裡「有枱櫈、有滑梯」、會所內有不同樓層等等。其實學校內的 Lego，只有最基本的 Brick 和板塊，卻反而是雪雪最能發揮創意和想像力的時刻，也是讓孩子好好專注在玩樂過程的例子。

學懂珍惜

　　慶幸自己身邊有不少高人媽媽，不時分享她們跟孩子的玩樂心得。有一位媽媽就這樣處理女兒扭買玩具屋的要求，事緣女兒到別人家中玩過一次，於是就很想自己也可以有間玩具屋放在家中玩。媽媽「企硬」堅持不買，不過她用了最聰明的方法回應女兒，她提議與女兒兩人一起運用紙皮，親手做出一間手工製玩具屋。女兒不單因此

學懂如何做手工，更視這玩具屋為至寶。另一媽媽就更加創意無限，兒子喜歡玩車車，她的方法不是不斷買新款車車給他玩，而是用電線膠紙 DIY 出不同的賽道，於是孩子就能帶著車車在不同的賽道上奔馳。這，就是不用新玩具的另一種創意玩法。

眾樂樂也是社交過程

既然每個人的玩具有限，最符合理性的選擇，當然是與不同小朋友一起玩，那大家也就有機會玩不同的東西。從前家中只有雪雪一個孩子，她獨自在家玩所有玩具，到妹妹出世後，她倆當然不時會有爭執，爭寵、爭玩具、爭抱，甚麼也可以爭一餐。固然要給雪雪和雪糕都有適當的關注，但我們更要讓她們明白，我們不打算甚麼東西也必定會買雙份，有些東西她們要學懂輪流玩、或通過溝通合作去完成。學習與另一個孩子一起玩同一個玩具，這，畢竟就是社交。

下次聖誕，不妨想想可以如何以與孩子一起動手做玩具，取代買新玩具。孩子收到這份禮物時，一定會比看見聖誕老人和鹿車更高興。

**用電線膠紙 DIY 不同的賽道，
孩子就能帶著車車在賽道上奔馳。**
相片由 Emmy 媽媽提供

紙皮變出玩具屋。
相片由 Emmy 媽媽提供

Chapter 2

It's ok,
家長可以幫助
孩子做自己

多讚孩子不要 Hea
It's OK to give praise

　　近來下載了一個新 App，能自動把手機中的小孩照片加工及製作成短片，我因此重溫了不少雪雪的成長點滴。她的第一次轉身、首次自己坐好、學懂站起來、開始爬行、踏出人生第一步……還記得每一次，我們都禁不住拍手大讚她「叻叻」。

　　耳濡目染下，雪雪凡做到一項新技能時，也會自行拍手，然後望向我們，等我們報以「叻叻」來回應。這一代的小朋友很多都是家庭、甚至整個家族的中心，給最少 6 個人（爸媽、祖父母、外祖父母）重重包圍，我們都希望讓孩子有多點自信，因此給孩子的讚美聲從不缺少。有父母就開始擔心，這樣長大的孩子會被寵壞；有家長甚至擔心，讚得太多，小朋友會被讚壞。

孩子平靜也值得讚賞

其實對孩子的讚美，真的不用吝嗇，甚至不單要在他做得很好、很值得讚的地方讚。在他沒有做錯時，做中性行為時，我們也不妨給予正面鼓勵。比如說，雪雪今天沒有發脾氣，其實也很值得鼓勵，我們不用等到她做了很特別的「好人好事」才按讚。這樣能鼓勵她停留在更多「不發脾氣」的情緒狀態，這亦變相減少了她發脾氣的時刻。在孩子作出中性行為（即不是做得特別好、也不是做錯事時）時已予以鼓勵，而不是等她做錯時才嚴厲責備，對父母、對孩子也是個更好的互動。

剛巧近來要準備學校的功課，回顧了幾篇上堂時所學的文章，全都是有關在不同情況下的讚賞對兒童發展的影響，在此與大家分享一下，看看你認為哪種讚賞對小朋友更好：

「你好聰明」Vs 「你好俾心機」

相信很多家長也曾聽過，當你只讚賞孩子的智商，其實無助他繼續勇敢探索及面對挑戰。相反，他們會較容易因不希望被視為「聰明」這光環落空，而變得不願意嘗試新挑戰，對新嘗試的興奮及滿足度亦較低。相反，若孩子被讚賞的是他所付出的努力，他們會更樂意面對新挑戰，亦傾向相信自己能不斷進步。

還記得我當初不斷讚雪雪「叻叻」時，她非常受落。後來，試過幾次她在嘗試砌 Lego 時，一發現自己所砌的東西不穩、會跌下來，她就大發脾氣，甚至推倒整座 Lego 模型。的確，她很難面對自己的「失敗」，亦接受不了自己「唔叻」的時刻。之後我們唯有改變策略，再三跟她說，「唔緊要，再嚟過」，同時多讚賞她所付出

的努力。日子有功，現在當她挑戰自己失敗後，也少了大發雷霆，反而會學我們的語氣，然後自我安慰「唔緊要，再嚟過。」

曾有一個心理學教授，住在一個與公園相連的房子，每天以欣賞古典音樂為樂。正當他與莫札特、巴哈神交之際，忽然有一班年輕人出現在公園附近，不單大聲説笑，更喜歡開大喇叭。面對報警不成，與他們理論亦不見得有用的情況，教授決定以他的專長，進行一個實驗。

第二天，當這群年輕人繼續吵鬧時，教授跟他們説很喜歡聽到他們的音樂和笑聲。如果他們明天再來，他會給每人 10 美元作為回報。年輕人當然答應，翌日準時到來，更起勁説笑及播放音樂，日復日過去，教授每日也給他們 10 美元報酬。如是者，三數天後，教授告訴他們，作為退休人士，他支付不了這筆費用，以後不會再付錢給他們。年輕人這次憤怒了，並斷然如果沒有報酬，他們決不會再來。終於教授如願以償，成功令他們不再回來。

讓「內在動機」驅使行為

這個關於「內在動機」的故事，可能大家也耳熟能詳。但想深一層，我們何嘗不是曾以類似手法帶走孩子的內在動機，雪雪愛吃曲奇餅，有時我為求令她聽話也會話，「如果你乖，玩完肯執玩具，我就獎你食曲奇餅」，這些不自覺的報酬條件，分分鐘帶走了她對自行收拾東西的自覺。

同樣地，若孩子本來已喜歡做某一些活動/行為——例如：跳舞、唱歌、彈琴等，其實我們不用特別在這方面加倍讚賞他，以免誤將他的內在動機帶走。若真的希望

多加鼓勵，不妨用心描述一次他的行為，「我見你唱歌時好投入，我諗你一定好鍾意唱歌」，這舉動比起很多「獎賞」都要有效。

成年人的世界充滿比較，久而久之，我們自然把「比較」心態內化於與孩子的日常溝通當中。面對考第一的孩子，我們太習慣把重點放在「全班第一名」、「全班最叻」上，並對孩子進行社會比較讚美（social comparison praise），在不斷強化「比較」概念下長大的孩子，並不會更樂於面對挑戰，相反他們會更怕嘗試，唯恐有機會被比下去，同樣地，這種讚美亦減低了他們的內在動機，難道你希望孩子一直停留在「唔衰得」的狀態嗎？

用心讚美不要 hea

小孩子的世界簡單直接，當我看完那幾篇做報告用的學術文章，印象最深的，並不是學會甚麼讚賞技巧，而是讓我明白，對孩子「用心」的重要。即使是一句小小的鼓勵和讚美，也不要 Hea 讚。與其敷衍地説一句「你好叻」，不如努力發掘孩子背後所付出的努力，並具體地指出他們做得好的地方，用心回應。

「雪雪，媽咪見你今日好俾心機砌 Lego，呢間屋砌得好有特色呀！」她會樂上半天，也勇於嘗試砌出更多不同的設計。

父母的用心，才是孩子最好的心靈雞湯。

凱特王妃優雅化解
小公主失控危機
It's OK to be firm

　　有家長曾跟我分享，不是不希望能以正面的態度面對孩子的「脾氣」，但真實面對的情況是：「當細路發狂到失控、大叫到隔離街都聽到、死躁在地下阻住人時……真的可以冷靜處理嗎？」

　　的確，這些是我們生活的日常，我們都曾遇過孩子失控的情況，也曾因此質疑自己為人父母的能力。誠然每個孩子都很獨特，不單是每個家庭的狀況都不同，即使在同一個家庭長大的小朋友狀況，也不盡一樣。我對雪雪行得通的做法，對妹妹也未必湊效。自 2016 年開始寫 blog 分享文章，正是希望與大家分享自己曾／正面對的苦惱，以及在育兒這個學習過程中找到的實用資訊（為配合沈爸爸的堅持，也盡量參考來自不同國家及地方的資料），提供多一個角度去看孩子的成長。

　　在公眾場合發脾氣的小朋友，我們見慣不怪（其實有時也不止於小孩子），即使連皇室成員也不例外，可愛的小王子佐治（George）和小公主夏洛特（Charlotte），也有當眾耍性子的時候。2016 年 Charlotte 隨凱特王妃（Kate）到德國外訪時，在漢堡機場就上演了一幕「公主戲法」。

　　Charlotte 原本想把手上的紙遞給爸爸，碰巧一家人快要登上直升機，故她手上

的紙被收起來，她登時蹬腳撒賴，並試圖踝地，眼見尷尬場面如箭在弦，中外記者們的攝影機亦已準備就緒想捕捉窘態，Kate 卻優雅地化解了這場危機。

Kate 二話不說抱起 Charlotte，沒有皺眉、沒有一臉尷尬，如常冷靜及親切地在女兒耳邊細語，這份平靜，是一種對孩子情緒的接納。果然 Charlotte 很快平伏下來，沒有一發不可收拾的發難、沒有嚎哭不止的狀況，五秒後就重現歡顏。皇室的優良教育應記一功，只要細心留意她們的互動，就不難發現這套教養方法，並不是皇家獨有的，在你和我的家，也可以做到。

堅定而溫柔的回應

Kate 行動利落及自信神情告訴大家，她並不擔心下一步的情況，因為她能預計到 Charlotte 的反應及需求，她懂得如何應對孩子。找回其他在當日拍攝的影片觀看，就知道 Charlotte 當日其實出現了很多次擦眼睛的畫面。面對舟車勞頓，不單是小朋友，即使是大人也會吃不消，畢竟哭鬧是孩子其中一種語言，特別是當小孩想說：「我很累」和「我想睡」時。Kate 抱起小公主稍作安撫，既令她知道媽咪明白她很累，同時亦明確地用行動告訴她，「媽咪並不希望你坐在停機坪的地上」。

關係先行

從來教養行動也是以關係出發，孩子願不願意「停一停、想一想」，視乎是誰跟他說話，平日跟

圖片來源：http://time.com/4869666/princess-charlotte-tantrum/

孩子親厚，孩子知道父母因為愛才設立界線（Set Boundaries），自然願意學習忍耐。同樣地，當我們跟孩子愈親近，也愈能解讀他的肢體語言，以及他即使沒說出口的訴求。以雪雪為例，每晚睡前我也跟她說小故事，然後在她床邊等她睡著才離開房間，平日她很快就入睡，有次她在床上輾轉多時也不願睡覺，本來我也想動氣，但細心再想，是不是她還有一些東西想在睡前做，故才不肯睡呢？方才發現，原來我忘了睡前給她擁抱，怪不得她輾轉反側。於是我張開雙手，與她來個擁抱，更錫了她的面珠兩下。然後，不消 5 分鐘，她就睡著了。孩子的每個行動，其實也有原因的。

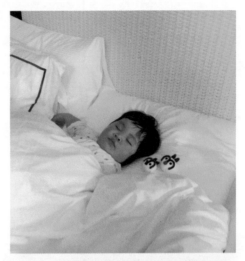

提方法　不責罵

從小公主的反應，猜得出 Kate 當時並沒有因為女兒撒賴而提出責罵。讓孩子知道我們的底線，不一定要以責罵的方式來表達。孩子不會因為我們惡就減少撒賴，如果孩子行動

的目的是要得到大人的注意，這反而會讓孩子變本加厲。要真正幫助他們，就更要平靜地讓孩子明白所做的事有甚麼不對，如何影響到自己／別人，以及有甚麼另外的解決方法。為孩子提供 alternative option 遠比責罵有用，説「累了，媽媽抱你上飛機」比起説「唔好再發脾氣」湊效。孩子絕對不是要存心找父母發難，有時不過是向最親的人求救，想有父母為他打開可行的路。

孩子，長路漫漫，讓我們一起走！

聽聽孩子心聲
It's OK to kneel down

　　親子 FB 群組中曾流傳一張爸爸蹲下來，與扭肚餓小朋友「講數」的照片，地點發生在港鐵車廂。不少網民看罷帖子大讚爸爸「有家教」，即使遇上小朋友肚餓扭計，因「車廂內嚴禁飲食」，他沒有急得因此犯規，反而蹲低向女兒解釋車廂內不能吃東西，要留待到站出閘後，才可以拿食物給她。該爸爸更拿出公仔，稍為安慰，以防她因餓扭計爆喊。

善用主動聆聽技巧

　　為人父母，經常面對類似事情發生。面對孩子的訴求，要對孩子 say no 之餘，更要跟孩子理性溝通，談何容易？通常在他們大賣感性，盡情演繹情緒時，我們的理性也快到極限，到底有甚麼方法可以促進親子間的溝通呢？那位爸爸做了一個很好的示範，用上了 Active Listening（主動聆聽）的技巧，在堅持底線的同時，也能好好平伏孩子的情緒。

　　在成年人世界，Active Listening 通常用於解決紛爭和進行輔導工作，聆聽者嘗試在字裡行間解讀說話的意義，明白講者的心情，閱讀身體語言，引導講者表達自身

感覺，從而進行更深入對話，尋找解決方法。在跟孩子談話的過程，他們想表達的訊息更需要被父母了解，甚至很多時候，也只有父母才能真正明白孩子的反應。我們願意傾聽心聲，是孩子最樂見的事。

主動聆聽最主要的部份，是 Acknowledge 孩子的感受，讓他知道你明白並接納他的感覺。好像 Trouble Two 的雪雪，她在 say no 時，是傷心？是憤怒？是不滿？是痛苦？還是委屈？這些複雜的心情，有時連大人自己也未必説得清，父母這時就需要耐心地一點一滴地拆解。找到孩子情緒上的共鳴點後，就嘗試找出 say no 的原因。在孩子的成長路上，大家能學會多點情緒詞彙，面對 Trouble Two 時也能少點痛苦。

跟孩子平起平坐

要了解詞彙有限的小朋友，除了聆聽他口中的説話，解讀他的身體語言亦非常重要。2016 年，威廉王子和凱特王妃（Kate）帶同小王子佐治（George）和小公主夏洛特（Charlotte）到加拿大訪問，一下飛機就出現這一幕：Kate 蹲下來，跟 George 在同一視線傾談。以英國皇室慣例，這是不能接受的管教方式，長幼有序，大人不會跟孩子「平起平坐」。情況就好像在 2016 年，威廉王子在皇家軍隊閱兵儀式中，曾試過蹲下來跟小王子溝通，當時英女王見狀，隨即吩咐威廉「站起來」。

凱蒂及威廉這些動作，正正就是父母跟孩子在主動聆聽過程中幾個重要的身體語言：眼神接觸、平行視點、以肯定的聲調，在完成整段對話才站起來。他們的身教，被各地育兒專家大讚，成為 Active Listening 的一大象徵。而重要的是，我們看到成效。佐治小王子真的在溝通後，乖乖完成歡迎儀式。（儘管他還是拒絕了

蹲下來的萬人迷，加拿大總理 Justin
Trudeau 的 High-Five 邀請。）

身體語言經常帶來比說話更大影
響力的反應，要讓親子間有更緊密的
溝通，有學者就用 SOFTEN 一字提
醒我們，跟孩子溝通時，首先要帶著
微笑（Smile）、保持開放姿勢（Open
posture），對話時不妨把身體向前
稍傾（Forward lean），並且輔以

圖片來源：http://motto.time.com/4507607/kate-middleton-prince-william-active-listening/

身體接觸及眼神接觸（Touch & Eye contact），更要在對話中不時點頭（Nodding
head）回應。這些看起來都是舉手之勞，卻是對子女感受的重要肯定。主動聆聽從
來都不是甚麼高深學問，只是 Soften 多一點，就能帶來豐碩後果。這不單能應用在
親子關係上，也同樣適用於夫婦關係。

重述說話的重要

鼓勵大家在跟孩子溝通時，不妨多
點以問題引導，重述（Paraphrasing）
他們的說話，甚至替他們重組句子，以
協助孩子更好地演繹自己，例如：當孩
子表達自己很肚餓、唔舒服時，我們可
以把問題重述：「你宜家好肚餓，所以
覺得好辛苦，係咪呀？」，然後鼓勵孩

子嘗試用更多語言表達，「哦，我聽到你講話唔舒服，可唔可以話俾我聽，係邊度唔舒服呀？」

雖然我們要花上長一點的時間跟孩子對話，但這點時間實在是非常值得花上的。留多點空間與孩子完成整段對話，趁機讓孩子參與決定該怎樣處理，由他選擇到底「是先玩一會玩具再吃東西，還是哭鬧到離開車廂為止」？

然後不難發現，孩子不會讓你失望，我們看到的，將會是驚喜。

「S.O.F.T.E.N.」孩子時，我們的心也被軟化。

做醜人？
It's OK to set boundaries

雪雪一直對 BB 的生活點滴感覺好奇，望著雪糕妹妹時，她心情矛盾，既想參與照顧，又想自己繼續成為被照顧的那位。初時，我們日常跟妹妹互動得最多的，離不開換片餵奶，雪雪最喜歡在我們進行這些活動時，拿出她的「妹妹公仔」來模仿我們，日子有功，她倒學得有板有眼。

近來她更「進一步」，連道具也轉換為用真實的，包括她真的從紙巾盒內把紙巾拉出來，還振振有詞地向我們表示，自己正在幫「妹妹公仔」換片片、抹乾淨。

我：「雪雪，唔好再玩紙巾啦！」

雪雪繼續投入在自己的世界，不斷拿紙巾，完全無視我的要求。

我：「夠啦雪雪，唔好再掹紙巾啦！」

說罷我就伸手拎走紙巾盒，不讓她再拿。

雪雪登時 180 度變臉，開始大發雷霆，又哭又吵又鬧。家人見狀就用上不同板斧，務求令她盡快平靜下來，婆婆會即時拿出雪雪愛吃的豬豬餅乾氹她，企圖以食物轉移她的目光，令她忘記正在糾結的紙巾。菲姐姐有時看到她扭計或吵得厲害時，也會以企鵝布偶跟她說些傻話，嘗試分散她的注意力。

面對小孩子這些狀況，不少人也會用上「轉移注意力」這一招。曾面對家中小霸王發作，就不難理解這種做法，起碼可以藉此令孩子暫時冷靜下來，避免令我們尷尬，不用面對完全失控的情況，尤其在公眾場合，分散孩子的焦點，起碼能令我們避免要做醜人 (惡人)，亦止住了一發不可收拾的亂攤子。

但，這真是一個好方法嗎？

別錯過學習機會

遞上豬豬餅乾、企鵝布偶，讓雪雪在這事情上學會了甚麼呢？她能因此理解到，這樣做會浪費紙巾嗎？她會明白到，其實紙巾不是玩具嗎？她可意識到這樣玩紙巾，有機會令我們錯用不乾淨的紙巾，替妹妹進行清潔嗎？

對不起，絕對不會。

我們沒有真正指導她，沒有讓她明白原因，沒有替她定界線，亦沒有讓她了解到家中的規則。這種方法只會讓她想起玩紙巾過後，會有餅乾吃、有布偶玩，那何樂而不為呢？

每一次衝突，其實也是一個學習機會，對大人小朋友亦然。以早前分享過的「口水肩爭奪戰」為例，如果在雪雪跟同學 A 搶口水肩時，我們突然介入，試圖用另一樣玩具分散她的注意力，讓她情願玩玩具而放棄口水肩，我們幫助到她，還是搶走了她學懂自己處理爭執的機會？

專注力是重要一課

要成功分散孩子的注意力，就是要求孩子放下他原本正專注著的事，令他抽身離去。明顯地，這是一種損害專注力的教導方法，撫心自問，我們真的希望孩子養成這種習慣嗎？

現今的父母都擔心孩子有學習障礙或專注力不足等情況，但原來，我們都不自覺「協助」孩子遠離正在專注的事，阻疑他們集中焦點，為他們的成長加添了絆腳石。

的確，時刻專注的孩子有時並不「好教」，他們會無論如何也要完成想做的事，我們或會視之為「硬頸」，但洞察力和專注力是學習的重要基礎，他們能學好這一課，將會終生受用。

以同樣的尊重對待孩子

用「轉移注意力」處理孩子的狀況，無疑是低估了孩子的智慧及領悟力。試想像一下，當我們與其他朋友／同事在表達不同意見時，對方忽然說另一些不相關的事，試圖分散我們的注意力或重點，我們也會覺得被冒犯，更有點被當傻子的感覺。將心比己，我們跟孩子來的一套，不也是如此嗎？

凱特王妃曾帶同小王子小公主出席妹妹的婚禮，更被媒體拍到她輕責喬治、令小王子哭著臉的照片。固然我並不知道真正原因（據說是踩著姨姨的婚紗）及內容，但最起碼的是，凱特情願冒著讓孩子哭的風險，做一會兒「壞人」，也要指正孩子。難道她不知道自己活在鏡頭前後嗎？難道她不擔心記者或公眾會怎樣想嗎？

但她選擇做正確而又重要的事，不逃避不退縮，不活在他人的眼光，這就是重要的身教！

衷心希望天下父母都不要為怕別人目光，而放下教導孩子的重責！

面子緊要，還是孩子緊要？
It's OK to put down the face

　　雪糕妹妹由 7 個月起，開始少了哭鬧，多了笑容。由於當時她只有兩粒牙仔，笑起來時像個無牙的小婆婆，非常滑稽。在前文「寶寶，你可以大哭－It's OK to be fussy」 一文中提過，初生嬰兒只能靠哭聲表達自己，若我們只是不斷制止 BB 哭泣，可能會適得其反，更大機會令小寶寶變得沒有安全感。

讓孩子好好哭一場

　　面對再大一點的孩子，又如何處理呢？雪雪近日竟然開始學用妹妹方式，以

「只哭鬧不説話」的方法來表達情緒，面對「返童還B」的她，有時我也非常無奈。請教在大學教兒童及家長教育的老師，該如何處理時，得到的建議是：「就由她哭吧！」

　　教授在各大小家長講座中，也一直貫徹分享這看法，有次他到了一所名校分享，有位端莊漂亮的女士舉手發問，「如果女兒在街上哭鬧黏地，該如何處理？」他當然是建議讓孩子繼續哭一會，台下傳來一陣哄笑，那位女士唯有表示：「那會引來很多人圍觀，很尷尬吧！」他依然堅持説：「我實在看不到理由，為何不能讓孩子哭一會呢？」後來，經其他家長老師提示，他才認得眼前那位眼熟的靚媽，其實是位明星，故比較在意公眾眼光。

　　Justin Baldoni 曾在自己的 Facebook 專頁上載過一張照片，內容是兩個男士（Justin 及他的爸爸）面前趴著正在超市中發脾氣的女兒 Maiya，他形容這是他最喜愛的照片之一。

讓孩子真實面對感受

　　你在這照片中，感受到他對孩子不離不棄的愛嗎？Justin 並不是溺愛 Maiya 而由她哭鬧，而是真實地接納孩子會有自己的情緒，不會因為旁人的眼光而制止女兒，更不會因此覺得 Maiya 讓他丟臉。這份「泰山崩於前而色不變」的功力是如何練成的呢？

　　Justin 將這歸功於他的父親，他在爸爸身上學會的是 Being comfortable in the uncomfortable，「世上沒有完美的父母，但爸爸教曉我一件重要的事，不要以旁

人眼光作為教養孩子的依歸，爸爸一直容讓我真實的面對自己的感受和情緒，不論在任何地方。」

接納孩子的情緒

同樣是城中名人，靚媽在意的，是孩子哭鬧時帶來的尷尬；型爸所重視的，是孩子哭鬧時的成長空間。這，既是文化差異，亦是家庭教育帶來的結果。

只是尋常百姓的我們，看重的又是甚麼？到底是面子緊要，還是孩子重要？當我們樂意接納孩子的情緒，鼓勵寶寶開放真實地表達自己，願意把孩子置於自己的面子之先，我們這樣的身教，向孩子傳遞了很重要的訊息：

1、我們對你的愛是無條件的，我們會接納你的感受。It's okay to be sad.
2、我們支持你、相信你能處理自己的情緒，並適當地表達。
3、孩子，請與我分享，我們希望能明白你更多。
4、這裡可以讓你安全表達最難處理的情緒。

因為，我們在面對這個轉變太快的世界，有時即使是大人自己也無法理解，孩子可以做的，可能就是哭。

很多情況下，不妨讓他們好好哭一頓，控制好情緒，再慢慢教導。一份接納，喻意深長。

最後我想強調，接納孩子的情緒，並不代表在孩子不開心時，甚麼也任由他做，

若是涉及安全 / 破壞性的行動，就必須立即阻止，更可以用理解的方式，冷靜地告訴他：「我知道你其實唔係想打媽咪，你宜家好唔開心，唔知點表達，我喺度陪你，不過記住唔可以打人。」放手讓孩子表達感受，同時為孩子設定界線，千萬不要被孩子的情緒牽引，亦不要以孩子的情緒為恥。

　　Justin 的照片能吸引超過 10 萬人讚好，並不因為他是 Justin Baldoni，而是因為他是 Maiya 的父親！這身份，是沒有人可取代的。

圖片來源：https://www.facebook.com/justinbaldoni/photos/a.710188169088382.1073741829.666610326779500/1311345852305941/?type=3&theater

父母的飯腳不是手機
It's OK to put down the phone

　　帶雪雪到樂園酒店過兩日一夜的家庭樂，自產假後回復上班又上學的生活後，很久沒試過這樣由早到晚沒間斷地，貼身只陪伴雪雪。有我和爸爸在身旁，她非常興奮，我倆亦明顯被她盡情放電，到晚上已忍不住著她自行跟帶來的「妹妹」公仔玩玩，好讓我們放鬆一下。

　　當我在自顧自瀏覽手機放空時，聽到雪雪跟「妹妹」有以下對話：

　　「阿妹，you are very heavy, very heavy……」

　　「Don't cry 啦，阿妹……」

　　「Let's change diaper，阿妹……」

　　這些對話自然是來自菲姐姐跟雪糕妹妹的日常，雪雪想參與照顧妹妹的過程，故自行將姐姐平日在真妹妹身上做的事及對話，套用在「妹妹」公仔身上。聽見她投入在悉心照料「妹妹」的 role play 當中，我禁不住走回她身旁，跟她談談「妹妹」的情況，她告訴我「妹妹」不懂得自己坐，所以她要抱著「妹妹」；又跟我解釋因為「妹妹」沒有牙，所以只能飲奶，不能像她一樣自行進食云云。

看著眼前這個忽然長大了的雪雪家姐，我竟然有一刻覺得，「孩子可否不要成長得那麼快？」然後，我放下了手機，不忍心只投入在冷冰的手機熒幕中，而錯過與她一起成長的時光。

做好身教 別沉迷手機

讓我們做父母的做好身教，首先來看看父母沉迷手機的情況。Digital Awareness UK 在 2017 年與 Headmasters' and Headmistresses' Conference 進行了一個調查，訪問了 2,000 名 11 至 18 歲的青年人，發現當中三分一學生曾要求父母放下手機。這數字顯示了不少子女的呼聲，原來我們低估了自己在孩子心目中的地位，致令那麼多父母寧願陶醉在互聯網甚於與子女互動。

調查中 14% 學生表示父母在跟他們用餐時只顧玩手機，雖然被訪的 3,000 名家長中，有 9 成半作出否認。超過 8 成的學生希望在跟父母用餐時，父母能放下電子裝置，專心於共享天倫之樂。當中更有超過三分之一學生表示曾主動要求父母在吃飯時收起手機，可惜的是，家長冷淡的回應令接近一半的孩子被打沉，覺得失望及備受忽視。

You are picking up your child!
GET OFF YOUR PHONE!!!!
Your child is happy to see you! Are you happy to see your child??
We have seen children trying to hand their parents their work they completed and the parent is on the phone. We have heard a child say "Mommy, mommy, mommy..." and the parent is paying more attention to their phone than their own child.
It is appalling.
Get off your phone!!

澳洲一所學校外的告示。
圖片來源：Juliana Mazurkewicz Facebook

別讓孩子活在被忽視中

你希望孩子活在失望和被忽視當中嗎？左圖是貼於澳洲一所學校外的告示，用意正是提醒家長們，在與孩子相處時要「放下手機」，該學校老師目睹太多小朋友放學時興奮地跑向家長，想要分享校園趣事，但家長卻以專注的態度投入手機，而放棄了以真誠的擁抱或微笑來回應。

澳洲食品公司 MasterFoods 在 2016 年推出了 #MakeDinnerTimeMatter 宣傳計劃，當中的亮點是一條讓父母反思良多的短片。（https://www.youtube.com/watch?v=2wfbY3i4FY0）片中先訪問了一班家長，「如果有機會跟任何一個人共進晚餐，你最想和誰一起？」父母們都說出了他們心目中的明星、名人，年輕一點的選 Justin Bieber、成熟一點的選瑪麗蓮夢露，有些知性強的家長則提及曼德拉等……

父母是孩子心中的「大人物」

然後，導演向家長們播放孩子們對同一條問題的回應。家長們都很緊張，到底誰是自己小朋友心目中的「大人物」，結果竟然發現，原來所有孩子的答案都一樣，他們都

圖片來源：https://www.youtube.com/
watch?v=nkE1QCVNKHs
FB: Now I've Seen Everything

同樣地選擇了「爸爸媽媽」為最想共進晚餐的對象。

對孩子來說，我們的陪伴是他們最大的滿足。他們不需要有最新款的玩具，有父母在，即使最老土的玩意，也是樂趣；他們不需要吃最美味的食物，父母同桌，即使是最普通的一餐，都是美食。孩子的世界簡單直接，只要與家人一起，就是最開心的時刻。

是時間要以身作則，不單為孩子，也為自己訂下電子產品使用的界線：實行在 Family Dinner 時放下裝置、每天跟孩子互動的時候不要少於玩手機時間等等。

別讓熒幕取代了親子時間！你，才是孩子心目中的巨人。

碧咸通宵為女砌 Lego
It's OK to let father involve

曾不止一次提及，雪雪喜歡玩 Lego。小孩子的角度，自有一套自己的玩法，雪雪經常把自己想像的世界投射在 Lego 當中，她當下喜歡的人和事，就成了那段時間的 Lego 人以及模型的名稱，所以 Lego 模型既可以砌成遊樂場、餐廳或車車，而 Lego 人也可以是雪雪、雪糕、媽咪與菲姐姐，當然，她有時也會邀請爸爸進入她的 Lego 世界。

一位風靡萬千少女（應該已屆中女）的父親，因為在社交媒體上一張為女兒砌 Lego 的相片，旋即成為了萬千媽咪的偶像。不少人羨慕 Harper，有 David Backham 這個廿四孝爸爸陪伴她成長，甚至為她建造城堡。相

片中的碧咸正在挑戰 490 頁的指引，嘗試把這 4,000 件城堡組件重組，希望為女兒帶來驚喜。終於碧咸在於凌晨時份完成了這項壯舉，並一臉滿足地上載完成品於 Instagram 上。

孩子解難力較高

這樣 Involve 的父親，讓我以及一眾媽媽也激節讚賞。雖然直到今天，大部分家庭，還是以媽媽為孩子的主要照顧者。不過，近年愈來愈多學術研究指出，父親參與（Father Involvement）對孩子的成長及發展影響舉足輕重。Imperial College, London（倫敦帝國學院）就有學者在 2017 年發表了文章，公布他們對接近 200 個家庭進行追蹤研究的結果，研究針對他們的發展進行跟進。先與 3 個月大的嬰兒在第一階段做一次測試，再到他們 2 歲時作第二次測試，然後把不同孩子的發展作一對比。結果發現，在 3 個月大時，經常與父親進行互動的小孩，在 2 歲時候的認知能力顯著高於其他同齡的孩子。加拿大亦有報告指，小孩若成長在一個父親會較多參與照顧及互動的家庭，孩子普遍能有較佳的解難能力及較高智商。

這些報告都有同一指向，就是證實「父親參與」是重要的。以往，超過 9 成的幼兒教育研究也是從母親與孩子的角度出發。現代不少雙職家庭，過往也習慣於父親的缺席（Father Absence），作為家中的經濟支柱，父親要應付沈重的工作壓力，已沒有多餘的心力與孩子玩耍。孩子第一天上學，爸爸可能因為要上班而缺席；到孩子的畢業禮，他們也有機會因為加班而缺席。

畢竟小孩子的成長也就只有一次，有些事件還是需要取捨的。陪上學、行畢業禮，這些都不是最重要。重要的是，我們平日對孩子的陪伴與溝通。沈爸爸平日工

作也忙，孩子剛出生，他不習慣 BB 的哭聲，不時避走遠離家門。隨著孩子開始叫爸，他改變不少，現在即使多忙，他也盡力在孩子睡前趕回家，好讓孩子每天與他也有點互動時間。

開闊孩子發展的鑰匙

碧咸固然是個大忙人，砌那 4,000 個 Lego 組件會浪費時間嗎？這就是 David Beckham 的選擇與取捨。有時爸爸媽媽與孩子截然不同的互動方式，也是開闊孩子發展的鑰匙。我愛每晚跟孩子説故事，每次也很努力想把故事説得有趣，好讓雪雪能聽得開心明白。爸爸少説話，更不慣跟孩子説故事，所以每次由他主持的故事環節，反而成了雪雪的説故事訓練場，其實她也同樣開心。這沒有誰比誰的方法好，但起碼孩子既學會聽故事、也學會説故事，這就是父母在孩子身上的互補。雪雪開課時，我不肯定爸爸會否送她上第一課，但肯定爸爸當晚會「參與」她睡前的另一課。爸爸，加油！

davidbeckham ✓   Follow

davidbeckham 1am done... Someone's gonna have a nice surprise in the morning zzzzzzzzzzzzzzzzz 🖤

Load more comments

gaynorbest Of course you managed to do it – you are David Beckham after all @davidbeckham

peterschwarzenegger Good job

karella3 Nice

dpwilliamsbespoke If anything like my two ... it's destroyed in two minutes 😩 I really hate those small Lego pieces 🙈🙈 ha ha .. nice work

wanglu_official 我媳妇说了你像犀利哥😅 😅

♡   ◯

1,600,466 likes

1 DAY AGO

davidbeckham   Follow

davidbeckham Page 1 of the Disney castle , 4000 pieces 490 pages of instructions I look confused but I'm so excited 😆

Load more comments

kazan_top_beauties ☆ ☆😂😂😂❤❤❤

kazan_top_beauties ☆ ☆😂😂😂❤❤❤

manfredleiva Is excellent, and have patience ... when I finish it shows you to see ... great lego 😂😂😂

hamidrezarezaeei 👍

goksubycolux Baba gibi baba beee

mariasousa5905 👏

wander_maloka It's easy

sfydiyebiri Adam babalık çıtasını da arş açıkardı helal

moonlightsonata @tuaceilli

♡   ◯

1,223,614 likes

2 DAYS AGO

圖片來源：David Beckham Instagram

一齊瞓覺好唔好？
It's OK to co-sleep

兩三個星期前，沈爸爸在雪雪臨睡前，走到雪雪房間，打算坐在她的床邊，一起聽我講睡前小故事，卻（不幸地）發生了小插曲。

雪雪（甫見爸爸坐下，就雀躍地望著爸爸說）：「去爸爸張床瞓吖！」

沈爸（深感被女兒需要之樂，一臉陶醉，卻堅持要雪雪學自己睡覺，故嘗試哄她）：「今日唔好啦，BB 自己瞓，爸爸下次再……」

雪雪 (補充) 說：「爸爸，你去爸爸張床瞓吖，你唔好瞓雪雪張床呀……」

爸爸當下無奈地發現自己表錯情，唯有表示「無咩事我返出去先」。事後，我把這睡前小故事放在 FB 專頁，除了大家都歡樂了好一陣子，有媽媽留言問道：「如何能讓小朋友在自己房睡覺？」這個問題，讓我想起剛上幼兒教育課時，同學們也曾為這題目有過一場討論：「到底父母應否與孩子一起睡呢？」

反對聲音多從安全角度出發，因剛巧今年初有一宗令人心傷的新聞，報道指本港一名 10 個月大的嬰兒，疑因與父母同睡一床，不排除被人壓著或被人推至趴睡

而猝死。報道補充說有專家認為，嬰兒與大人同寢十分危險，父母應安排嬰兒睡在嬰兒床，免悲劇再生。

美國的統計數字指，當地每年約有 3500 名嬰兒死於睡眠相關的原因，美國兒科學會（The American Academy of Pediatrics）有見及此，在 2016 年發出建議，指出為嬰兒提供安全的睡眠環境——當中包括不與嬰兒同床睡覺，能有效減低嬰兒猝死症（Sudden Infant Death Syndrome—SIDS）。

除了考慮孩子的安全，同學們亦拿出了不少學術期刊，近年學界的研究結果，指不與孩子同床睡的夫婦，從數字上看來，有較高的婚姻滿意度，孩子亦有較少的午夜驚醒次數。

透過互動建立安全依附關係

不過，根據 John Bowlby 的依附理論（Attachment Theory），嬰兒與母親是透過互動而建立安全依附關係（Secure Attachment）的。與嬰兒同床而睡，讓媽媽敏感地回應孩子的需要，有助其建立安全感，長大時反而更能有自信及獨立，故不少媽媽也選擇同睡。又坦白説，其實初為人母時，能看著孩子安睡在身邊，自己方才安心。

加上，若你跟我一樣，也是母乳媽媽，就一定明白，天寒地凍、夜闌人靜時，要爬起床餵夜奶是一件很痛苦的事。同睡親餵，也是其中一個鼓勵母乳餵哺的方法。故此，與嬰兒同睡時的安全設備就大派用場，分隔小床或 Co-sleeper 等產品出現，也是用以協助母嬰安全同睡。雪雪出生最初兩個月，我們就是用 Co-sleeper 的！

那婚姻滿意度呢？這就與 co-sleeping 的意願有關，如果是出於父母意願的（Intentional co-sleeping），那也不成問題。但若純粹因為遇上孩子反抗自行在另一間房 / 另一張床睡時，才被迫變回與孩子同睡的（Reactive co-sleeping），那父母不單會承受較高心理壓力，亦會得出最低的婚姻滿意度。

開放愛與擁抱

這畢竟是一個過程，有些孩子很早就能在自己的床睡好，也有孩子總得膩著媽媽才可安睡，有時更會走回頭路。

雪雪當晚說：「爸爸，你去爸爸張床瞓吖，你唔好瞓雪雪張床呀……」時，其實還有下半句，就是「媽咪陪雪雪瞓吖。」

如其選擇失望地面對 Reactive co-sleeping，不如開放接受小人兒的一切成長過程，我們都不是叮噹，沒有法寶，只有愛與擁抱。

It's ok, 家長放手讓孩子成長

最佳幼稚園
It's OK to take risks

2016 年雪雪完成了第一個學期的 Playgroup，我亦參與了第一次的家長日。剛開學時老師曾提過，雪雪的平衡力一直欠佳，經老師提點後，我們放手讓她在安全情況下跌多一點，現在情況總算有明顯改善。她的老師們都很用心，不時製作上學日誌，盡力令我們這些雙職家長能分享到小孩子的課堂點滴。那時我剛放產假，便順道帶雪雪上學，了解一下她在學校玩些甚麼。

別過份保護孩子

除了早前已成功挑戰的滑梯和水喉，校園加入了沙池、通心粉池及小朋友掃把地拖。所以雪雪經常弄得滿身泥沙，起初

她見大人們急忙幫她清理衣服，她也變得一弄髒了就望向我們。後來，大家都放鬆讓她盡情去玩，她就忘形地投入沙堆中了。

面對各種新玩具，孩子感覺興奮，但家長卻反應不一。有家長告誡孩子，沙池是禁地，因為會弄髒衣服，又怕玩沙時，泥沙會不慎弄入眼睛。哪通心粉池呢？有人認為此舉浪費食物，不應鼓勵；至於大受小朋友歡迎的掃把地拖，因為會引發孩子在家亂玩掃把，也有機會被禁。這樣看來，要做一間受大人小朋友歡迎的學校殊不簡單。

也許你有看過 Takaharu Tezuka（手塚貴晴）在京都的 TED talk，這所東京 Fuji Kindergarten 有「最好的幼稚園」之稱。它的好，不在於強調兩文三語（或更多語言），也不在有助升讀一流小學，而是在於它的用心設計。這所幼稚園的建築師，在講座中他分享到建造這校園的構想。（https://www.facebook.com/hellobonniemami/videos/1794721694112939/）

不要欄杆

這幼稚園由一個橢圓形屋頂作主軸，下層是有蓋活動空間，跟外邊的自然環境完全打通，天台（即是屋頂）就是讓小孩你追我逐的活動空間。值得留意是，建築師分享到，因著跟校長的對話，才促成這些大膽的嘗試。校長提出：「學校能不要欄杆嗎？只要加些網在旁邊，就可以接住跌下來的小孩了。」這是個非常反傳統的建議，建築師與政府當局第一時間表示：「不可以，這不安全。」但這建議後來卻成為了園內最受歡迎建設──「攀爬大樹」的藍本。

　　大樹下加了網以滿足安全需要，大樹旁加了繩子當作欄杆，孩子就可以自由自在地在樹旁或跑或爬。網和繩與「欄」的不同之處是，前者目的是開放地讓孩子探索，後者用意是阻隔孩子面對任何有風險的嘗試。Tezuka 表示，設計背後的想法就是「不要去控制他們（孩子），不要過份保護他們，他們有時需要跌倒，也需受一點傷，這樣才能讓孩子學習到，如何在這世界生存。」

曼谷的 Kensington International Kindergarten
圖片來源：http://www.archdaily.com/335383/shining-stars-kindergarten-bintaro-djuhara-djuhara

　　設計的成功來自建築師與校長的互動，各擅勝場。教育工作者，了解小孩子的行為和思考模式；設計者，將這些概念轉化為建築物，兩者結合就能把環境與教學連結。這所幼稚園的設計因而得到 2011 國際經合組織所頒發的「最佳教育建築獎」，同時亦開展了「以學生為本」的設計概念風。

　　近年不少國家都開始重視小朋友每天要有戶外活動時間，校園亦因此增設了更

多戶外設施及活動空間。曼谷的 Kensington International Kindergarten ，雖然沒有 Fuji Kindergarten 那麼開放，但整棟建築用上曲線設計，加上大量落地玻璃，小朋友在課室內不會感到壓迫。在炎熱和多雨的地區，不是每一天都適合到戶外，設計擅用玻璃，重視室內的採光度，讓孩子仿如置身戶外。哪在香港呢？幼稚園的窗戶，很多時都舖上貼紙或磨砂玻璃。美其名是保護小朋友的私隱、不想他們「分心」，但坐在與外隔絕課室中，隱約有點坐監的意味。

印尼 Bintaro 的 Shining Stars Kindergarten 則善用不同的建築材料，豐富兒童在觸感，視覺甚至氣味上的光譜。它用磚頭、木、水泥、金屬等材料，創造出感覺完全不同的空間，加上大量的自然光源，根本不用添加油漆或貼紙去營造適合小朋友的空間。在香港，相信很難只用赤裸裸的磚頭去建造校園。可以想像的結果是，家長會覺得這幼稚園「家徒四壁」，太寒酸了。

印尼 Bintaro 的 Shining Stars Kindergarten
圖片來源：http://www.archdaily.com/335383/shining-stars-kindergarten-bintaro-djuhara-djuhara

鼓勵不同年紀一同學習

以上三所幼稚園都在亞洲，除了硬件上的設計，背後展現的教育理念更為重要。它們不約而同地鼓勵不同年紀的學生在同一地方學習、不設既定課室、公共空間同樣都佔校舍很大的比例。幼稚園是個微型社區，小朋友除了在老師身上學習，還能從環境和同學身上取經，當孩子每天舉目就能望見天空，自然樂意跟身邊的老師同學分享每一個「晴天雨天孩子天」。

不要 Bubble Wrapped Kid
It's OK to have knocks and scrapest

記得當雪雪在 Playgroup 開學不久，我第一次收到老師的電話留言，當下我竟然心跳加速，一來生怕有甚麼意外發生，二來擔心雪雪是否在校內闖了甚麼大禍。還好後來知道只是小事一樁，不過這件小事卻令我反思作為家長，我們應如何好好「放手」。

讓孩子跳出安舒區

事緣雪雪看見其他年齡較大的小朋友在玩滑梯，很想參與其中，但她的確未能掌握爬滑梯的技巧，故老師鼓勵她先自己嘗試，大人從旁看管，在不斷嘗試的過程中，她失平衡跌倒了，跌倒時還咬破了一點咀唇、流了一點血。我相

信這一趟電話，一方面是因為老師怕我是「怪獸家長」，回家發現雪雪受傷了，會大興問罪之師；二來亦希望我們明白，在安全的情況下，總要讓孩子冒一點險，他們才會跳出安舒區，突破成長。

前幾天，我到學校接她放學，雪雪一見是我，就拉我到遊玩區，向我表演一次如何爬上滑梯，她當然不知道老師跟我曾就「滑梯」有過對話，但我很清楚她的舉動想自信地告訴我，這是她新學會的一項「成就」。

自從雪雪出生，我的心情起伏本能地緊貼著她每個動作，不過孩子也總有獨立的一天，由剪掉臍帶的一刻開始，她就是一個獨立的個體。

但不是每個父母也捨得放手，故近年不斷出現「子女保護主義」趣聞，例如：大學要辦「家長講座」，父母會代子女向上司或公司控訴工作繁重等。撫心自問，這些舉動是保護了，還是破壞了子女的發展呢？

很多人愛看「海底奇兵 2」（*Finding Dory*），我也不例外，但我更愛 Pixar 在片頭的小動畫 *Piper*。故事中的小 Piper 畏水，小時候只會「飯（魚？）來張口」，及後在 Piper 媽媽鼓勵下，克服恐懼，一步一步學會欣賞水世界及自行在海邊捕食，這個關於放手讓孩子成長的溫馨小品，相信很多媽媽也有共鳴。

圖片來源：Pixarpost.com

　　我眼中的雪雪也是一隻小 Piper，她的平衡力一直欠佳，其中一個原因是，我們在她再小的時候過份保護她，誤將她變成了 bubble wrapping kid。她身邊總有厚墊或有人包圍左右，在家從沒有試過「跌倒是真的會痛」的滋味。當她初到學校時，自然也以為走路時跌跌撞撞不會有事，故她從不會留心看前面的路，總愛自顧自走；更不時向後倚傍，她理所當然以為，後面一定會有人全方位保護她，故上學之初，她常像個大冬瓜般跌倒，我看在眼裡當然心痛，但更明白，「長痛不如短痛」，她早一點明白走路要靠自己，總比一直倚傍著別人好。跌過幾次後，她漸漸學懂要有「危機意識」，向後捱之前，至少會先望一下，後面是否有人或東西承托；向前走路時，起碼會留心觀察會否撞到其他人或物件。

　　幾年前 Jason Mraz 來港演出，一眾粉絲為之瘋狂，女 Fans 尤甚，朋友當時甚為頭痛說：「女兒只得 11 歲，怎可以讓她一個人去機場睇 Show？」最後，她也被說服讓女兒跟幾個同學自己去看演唱會。她女兒由開始計劃、儲錢、買票，到跟媽媽談判，安排交通，看演唱會並安全回家，過程中，其實要處理很多問題，更要學會找出解決辦法，這次歷程，被女兒形容為一生人一次的經歷。滿足，不單止因為能見偶像，更因為獲得家人信任！

放手讓孩子獲「成就感」

　　另一個小故事，發生在快餐店。兩個家庭，都是一個家長帶著兩個讀小學的孩子，先來的一家人坐下，小孩七嘴八舌要漢堡包要兒童餐，爸爸把他們安頓好，重覆一次他們要吃的東西，就去買食物。另一家人坐下，小朋友也是吵著要這要哪，媽媽問：「妹妹，你去看看想吃的開心樂園餐要多少錢？」「21 蚊呀，媽咪。」「家姐，這裡有 $50，你計一計是否足夠買兩個餐，再加一杯咖啡呢？」「唔……應該

唔夠錢。」「好，那我多給你 $10，你倆負責去買。」過了不久，兩姊妹捧著餐盤像走鋼線一樣，滿足又戰兢地走回來。

「我大個仔啦！」這幕經典廣告再次浮現在腦海。你，又會是哪個家庭呢？

放手，就是由一點一滴的信任開始。有最好的幼稚園，也要有願意放手的家長配合。

孩子能走得有多遠，視乎我們願意冒多少險！

鼓勵孩子精明上網
It's OK to let them go online

跟中學同學聚舊，一圍枱的大小朋友走在一起，好不熱鬧。我們都帶著小孩同行，少有聚頭，一眾父母當然把握機會聊天，於是席間的小朋友就自行找節目。兩個大一點的小男生在枱上排了一個戰場，讓士兵們打仗；另一個小朋友則在用神地看 YouTube 卡通片；當然亦有兩個只顧食食食的小肥妹。席間朋友對小孩子上網、用電子屏幕各有不同看法，有的覺得無傷大雅、有的堅持不可縱容、有的反倒覺得是不錯的教學工具。

難與網絡世界分割

數年前有一條印度電訊商的宣傳片，指新世代都是生於網絡世界，廣告開始在一個產房，BB 甫出媽媽肚子，就用助產士的電話 Google 找出如何剪臍帶、接著伸手拿美女護士的電話 selfie、再 Live 產房實況，最後更拍下被嚇呆了的醫生樣子，然後在社交平台分享，這些耳熟能詳的網上日常，就是生於網絡世界 BB 的寫照。

圖片來源 : https://www.youtube.com/watch?v=rg37kafMsWk

　　Internet 已是人類生活「不可分割」的一部份，雖然我也很盡力減少雪雪的 Screen Time，但畢竟隨著她長大，將網絡從生活中完全切斷，是絕無可能的。兩三歲前少用電子屏幕是兒科醫生的建議，再大一點，就是很實際的學校日常溝通，也避無可避，學校要求學生用 iPad 交功課、家長們也要從 Moodle 看孩子的學校通訊。我們這一代，甚至下一代或之後的世代，都活在這樣的世界。

　　PISA（Programme for International Student Assessment）這個由國際經合組織舉辦的學習評估，也提到除了成績以外，世界各地的孩子過著怎樣的生活。既然網絡是生活的一部份，那在各地的小孩子如何使用 Internet，也該是個有趣的研究。上網可以用作打機、作為娛樂、是社交媒體、吸收新聞或閱讀資訊的中介。不過值

得留意的是，原來，小孩子使用網絡的習慣竟然和家庭收入、生活階層，以至成績都有關連。

各地的數據也顯示，學生近年使用網絡的比例開始相較普及。在北歐五國、荷蘭、瑞士和香港，即使在低收入家庭，也平均有 98% 以上的學生能夠上網。不過，在哥倫比亞、泰國、墨西哥、越南等地，則依然只有少於 20% 的低收入家庭小孩可在平日接觸網絡世界。國家經濟發展與學童接觸網絡固然有關，但與孩子成長更大關連的，不是上網時間，而是上網內容。到底不同的孩子，會利用上網時間做甚麼，這才是關鍵。

右圖是有關「每周至少有一次玩電腦遊戲或讀新聞／有用資訊的比率」，紅色代表玩遊戲，藍色代表吸收資訊； 條狀的是較低收入家庭（Bottom quarter）的結果，三角部份則是較高收入家庭的狀況（Top quarter）。 圖中可見，幾乎在全部地區，高收入家庭孩子使用網絡吸收知識的比率，都比一般家庭的孩子高。

鼓勵孩子接觸有用資訊

以香港為例，約 85% 較高收入家庭的學童，用上網時間吸收資訊的比率，與社會經濟地位低的家庭多出 10％，新加坡的學童則有 20% 的分別，日本和上海等地的差別都超過 15%。值得一提的數字是，日本和上海的低收入家庭孩子，竟然只有一半會透過上網吸收有用資訊。

有錢人真的會「打少啲機」？可能不少家長有見及此，會立即收起孩子的iPad，以防孩子將來有機會向下流。如其倒果為因，把「打機」時間視作家庭收入

的指標，不妨轉個角度想想，如何能鼓勵孩子主動在上網時接觸有用資訊，而不是沉迷在電子遊戲當中。

總有一天雪雪也會接觸網絡世界，讓他們懂得精明地上網，準備在未來這個不再一樣的世界打拼，可能是我們這一代父母可以做，及更應該做的事。

每周至少一次以電腦玩電腦遊戲或讀新聞／有用資訊比率

▌ 較低收入家庭玩電腦遊戲比率　　▶ 較低收入家庭吸收資訊比率

▌ 較高收入家庭玩電腦遊戲比率　　▶ 較高收入家庭吸收資訊比率

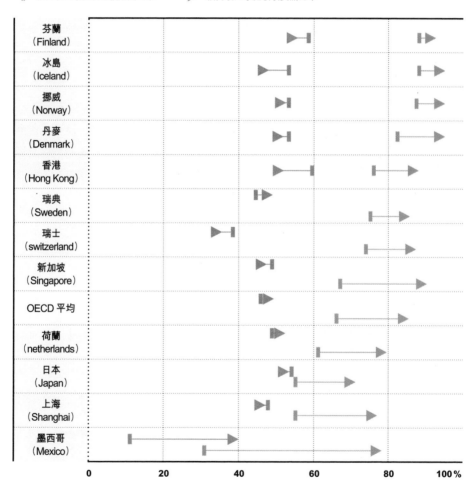

圖片及資料來源：OECD PISA Index of economic, social and cultural status, http://bit.ly/2w84Pz9

不要 Play「谷」
It's OK to let them join the "play" group

打從懷上雪雪開始，已有媽咪私下叮囑，懷胎 10 月到生產過程，只不過是個漫長旅程的序幕，「長憂九十九」的日子才剛開始。自雪雪半歲起，差不多每星期都有人問我，女兒開始上 Playgroup 了沒有？當時已有不少媽媽溫馨提示我，要準備為她報幼稚園。

Play 定谷？

我們這一代，成長在不流行 Playgroup、還未計算起跑線的年代，一時間很難投入這個充滿競爭的世代，故起初一直逃避。直至沈爸爸問：「雪雪其實是不是有點社交障礙？」

固然，這是因沈爸爸自己恐懼社交而作出的自我投射，但雪雪在家時愛說話的表現，與面對陌生人時的腼腆，的確有很大差別。於是，我們開始嘗試為她安排多點與其他小孩交流的時間，除了星期日上教會，還包括了平日上 Playgroup。

自以為不怪獸的我們，起初也大為緊張，除了打點上學用品（其實不過是多帶

點尿片和替換衫褲）、請假陪她上課，更要於開課前一周出席簡介會，聽學校簡介教學理念、上課須知，以及進行當日戲肉之「家長交流」。

在交流時，當然也會遇上一些虎媽，跟我分享她已為孩子安排了上午返這間Playgroup，下午嘗試另一間，以便測試成效云云。當中亦有重視孩子語言發展的媽媽，不忘分享一早已與孩子以兩文三語溝通，希望促進孩子的語言發展能力。似乎每個家庭，對育兒也有一套想法。

近年流行 Playgroup，有幼稚園辦的、來自社區中心的，更有家長自行組織的。五花八門，對於家長來說，選一個適合自己孩子的，殊不容易。不同 Playgroup 活動設計各有特色，有的著重個人學習，有些則以集體活動為主。Playgroup 原意，是以小孩一同遊玩為中心，將社區中的家庭連在一起，組成一個互助的社區，連結Bronfenbrenner 的生態系統理論（Ecological systems theory）中的 Mesosystem（中系統）。

玩得開心 自然學得好

陪小孩上 Playgroup ，很自然會發掘到他們有趣的一面，雪雪在室外玩水時，最能集中精神；但當老師叫大家一同玩集體遊戲時，她就未必能跟其他小朋友合作。幸好雪雪的老師非常尊重每個小朋友的意願，沒有一套硬課程要跟，我亦沒有迫她完成集體遊戲。沒有參與並不代表她有甚麼障礙或缺乏社交能力，只是她的成長並未到達理解「合作」、「分享」這一類概念。當孩子只是一歲多的年紀，單是一個月的認知能力，差距也可以很明顯，只要小孩在當中玩得開心，就自然能夠好好學習，根本不用揠苗助長。

曾見過一個 Playgroup 的導師很著重紀律，當中有幾位大一點的孩子，還總算可以坐定定、聽指令，但同時也有未夠兩歲的小男孩在左盼右顧，同場另一位小女孩則望著婆婆，沒能專注講解。導師一時情急下，就不自覺提高聲浪。最後，活動當然是在小朋友的哭鬧聲中度過了。其實回望一下孩子的成長階段，只有一歲多，真的需要、能夠明白「紀律」嗎？

認識一位退休中學校長，跟我分享她那些年為孩子而設的「非常 Playgroup」。由三五個家庭組織在一起，各以自己工作上的專長作為題材，相約每逢星期五晚上，輪流在其中一個家庭內進行遊戲，有地理科教師以地圖、照片、手信讓小朋友認識世界，有常識科老師拿水和冰跟小朋友邊玩邊説科學，有音樂老師以鋼琴為大家帶來唱遊環節。

生活就是學習

很土炮，但很深刻。

這一套，才是真正的 Playgroup，一 group 人一同真正地玩樂，原意根本不為學會甚麼特別技能，只為讓小朋友相聚、單純地投入地玩。校長説，回想那幾年，不單幫助了孩子們的成長，也成為一眾父母多年後的美妙回憶。近年德國也有不少以類似理念主導的家長自主幼稚園（Parent Run Kindergarten），它們由家長發起，著重「生活就是學習」。

的確，這才是生活。

時代進步，Playgroup 選擇更多，教學方法看似更多元化，但孩子有沒有因此變得更快樂、更享受 Play 的過程？ 當父母不惜工本，投放資源於子女時，也許也是時間反思，有沒有不自覺地將他們的成長量化成不同的 KPI 或學習「清單」。

別只記著為孩子的表現打分，卻忘了為他們的努力打氣。

Playgroup 的原意是希望一群孩子在遊戲中學習，而不是將起跑線移前，千萬別讓 Playgroup 變成為另一種催谷！

衷心希望大家都能找到適合孩子的路，也能認識到志同道合的家長。

Chapter 4

It's ok,
和孩子談些
重要話題

「應該談」的性教育
It's OK to talk about sex

孩子視父母為他們的模仿對象，我們平日做甚麼，他們也跟著做甚麼。所以雪雪日常會拿著一個 BB 公仔來照顧，因為她想跟我一樣照顧「妹妹」。跟很多餵母乳的媽媽一樣，孩子看見你在餵奶，也會有樣學樣。有一次，家人告訴我，雪雪在 Playpen 躲在一角安靜地自己玩耍，原來她在嘗試學我泵奶。看見這樣的情景，不禁覺得有點搞笑，但同時也意味著，其實很多話題，不能一直等孩子長大才談，身體不同部位、兩性課題、如何保護自己，其實也是愈早跟孩子談愈好。

教孩子從小保護自己

性教育在不少地方仍然是「禁忌」，近年開始認識一些朋友跟學校和 NGO 合作，為小朋友提供「性情教育」，雖然只是很短期課程，但也是一大進步。我們不妨參考一下其他國家怎樣將兩性話題帶給下一代。

孩子的成長，是一件當下覺得很漫長，但回望覺得太快的事。由出生到身體成熟，只是十餘年的事。而實際上，孩子由兩三歲開始，已逐漸觀察到兩性在身體上的不同，爸爸和媽媽的聲音、觸感和力量等各有不同。孩子很早已能分出男和女，

哥哥姐姐、弟弟妹妹，分得清清楚楚。既然在這個年紀就對身體已有認知，何不從小就開始讓孩子對身體、性別，與及人與人之間的關係認識更多，確保他們從小就懂得如何保護自己呢？

跟孩子一起洗澡

其中一樣，在家中最簡單可以做的，就是跟孩子一起洗澡。身邊有朋友仿效歐洲家庭的做法，從孩子兩歲起，一半日子由爸爸負責跟孩子洗澡，另一半日子由媽媽負責，就算家有菲姐姐，也堅持自己做。孩子們看到爸爸和媽媽身體的不同，很快就學會對自己身體的認識，父母也可以重複教育孩子如何保護自己，直到孩子會自己洗澡。這樣的教育既溫馨自然，亦不用費很大力氣，是個非常不錯的家教機會。

正如 Urie Bronfenbrenner 的生態系統理論所言，除了家長的影響外，學校和朋輩也是孩子的另一重要學習途徑，亦是性教育中關乎

圖片來源：https://designyoutrust.com/2016/11/photographer-documents-stay-at-home-dads-and-their-kids-in-sweden/

社交和社會價值觀的重要課題所在。這方面的教育，也許可以先看看荷蘭這個價值觀十分前衛的國家如何推廣。

　　荷蘭正正是由學前教育開始，就進行性教育。每一年都會有一系列稱為 Relax（Relationship and Sexuality）的性情教育課堂。

圖片來源：Source: https://www.youtube.com/watch?v=il8HIi7wqQE

建立人際關係正確認知

　　由人與人之間的動作和關係開始說起，包括爸爸媽媽和孩子之間會有甚麼身體接觸，教孩子明白甚麼時候會擁抱、接吻；和誰人的身體接觸是可以接受，和誰是不能接受等。除了教孩子保護自己，也從中建立對人際關係的正確認知。孩子在家

中見到爸爸媽媽如何相處，在學校也能學會形容這些關係和正確的面對態度。到了小學，課程就已經可以涉及生命如何形成，寶寶在媽媽肚內的情況等等，為孩子步入青春期做好準備。

面對再大一點的孩子，課程就會加入愛情觀、家庭觀、青春期生理和心理等題目，以至生育準備，接受和拒絕性行為等教育。硬知識以外，加入更重要的情感認知，減少學生青春期時在生理和心理上的困惑，並教育他們成為負責任的成年人。當地這系列的性情教育，加上對避孕措施的教育推廣，令看似很開放的荷蘭，反而是成為西方國家中有較少未成年媽媽（Teenage mums）比率的一國。

性教育，本來便該是父母和孩子「可以談」、「應該談」的一個重要課題。這不是硬知識，而是跟家庭價值和人與人之間的關係也有關連。不論孩子在任何年紀，每當他們問到與性有關的問題時，我們也可以大方地解答。

畢竟，每個生命都是這樣出現，沒有任何例外。孩子需要健康而正面的價值觀，這不止是「性」、更是「情」的教育。

訂立身體界線
It's OK to talk about the body

　　每天放工回家後，雪雪也會膩著我，有時愛用小手拉著我的衫袖，有時會把小蛋臉哄近我。作為雪媽，我當然非常受落。不過，漸漸我發現，這些親暱的舉動並不止於對我。她不但會拉著爸爸的衫腳、菲姐姐的「袖袖」；甚至學校負責點心的工友阿姨也是對象。她不但愛仔細觀察我的臉、貼近地上看爬行的螞蟻，更會把頭伸到同學仔的面前、在少於10mm的距離指向他的眼耳口鼻。雖然雪雪以上的舉動，都只是希望示好，不過，不一定每個人也會受落，其他小朋友也許會被她突如其來的舉動，嚇得不知所措。畢竟人與人之間的相處，也有適當的距離。這些界線，其實愈早說明，對孩子成長也是好的。

讓孩子知道身體的界線

　　上文談過「性教育」可以由學前小孩子開始，其實讓孩子知道身體的界線，本來就是「性教育」第一步。家長們不多從小開始說起，大概是覺得：

1）　孩子應該未到能夠明白的歲數

2）　加上與孩子談性本來就是一件令人尷尬的事，根本不知從何入手

3）　最怕孩子一知半解後，過份早熟，然後自己參與實驗

　　還是那一句，「願意信任孩子，才是一切可能的開端」。更何況，最直接知道孩子是否明白的方法，難道不是嘗試談嗎？踏入青春期的孩子固然須要進行性情教育，但不要忘記不少報告也指出，還在幼兒階段的子女，遠較已屆青少年時期的子女樂意聆聽父母談論性教育相關的課題，這亦是從小開始講「性」談「情」的重要原因。

　　小至幼稚園低班（甚至 Nursery），小孩子已懂得分別男女，在這時期的小朋友，我們可以先教會他們身體不同部份的名稱，除了眼耳口鼻，也可學會頭頸手腳、甚至胸口臀部，然後再進一步讓他們知道，甚麼是可以接受和不可接受的接觸（Pleasant Touch Vs Unpleasant Touch）。例如：用咀咀親親爸媽是可以的，但不是親誰都可以。擁抱家人是應該鼓勵的，但對陌生人則絕對不是。我們甚至可

以跟孩子進行 Role Play 練習，讓他知道甚麼人可以接觸／看見／談論他們身體的甚麼部位，以及當出現不可接受的情況，應如何 Say No。以上的課題，正是荷蘭幼稚園推行的 Relax（即 Relationship and Sexuality）課程內容。

界定 Circle of Love

再大一點的小孩（K2 以上），已開始明白規距及界線是如何在團體中運作，我們就可以進一步跟他們談他們是如何來到世上的，以及各種人與人相處的社會規範，讓他們懂得分別親人、友人、陌生人的概念，界定 Circle of Love，以及與他們相處時的應有親密程度與距離。有些較傳統的做法就會叫小孩子跟家長先商量好，舉出誰是可以接觸孩子身體的人，以自己為例，簡單來說就是我可以從小跟雪雪說明：「有誰可以替雪雪換衫」，好讓她知道除了我們已告訴她的人以外，若有其他人有此行動或要求，是絕對不可以接受的，這是從小開始已經可以進行的重要教育。

助孩子建立正面自我形像

在荷蘭，有些學前教育班更會在孩子升上小學前，談及兩性分別時，主動替孩子掃除一些不正確的固有概念，包括女孩子一定愛玩煮飯仔、必須要穿粉紅和紅色、做的工作只會是收銀員、店員、老師與護士。直到小學開始，助孩子建立正面的自我形像，的確是一大課題，換個角度看，這是以一種非常正面的方法，去鼓勵孩子正視性情教育，尊重自己及他人身體的思想方式。

最後，我想特別提及一個幼兒階段的特徵，因孩子還是在自我中心（egocentrism）的發展階段，一方面未有分享的概念，同時亦視一切身邊所發生的事，為因他自己而起。因此，若幼童不幸遇上被侵犯事件，很多時候孩子會傾向於責怪自己，並且羞於啟齒，致令不少侵犯案例良久也未被停止。以往香港的「多多與寶寶龍」，似乎沒有正中要害，讓孩子明白侵犯是甚麼一回事。若我們從小就讓孩子知道，世上有些壞人會破壞應有的界線，而這並不是孩子的錯，減低孩子落在痛苦的自責，而父母卻被蒙在鼓裡的機會。

早一點談性，也許算得上是給孩子的一個重要安全網。

看美國大選是親子教育
It's OK to talk about politics

　　與沈爸爸第一次去旅行，是 2004 年，當時到台灣觀選；跟他第一次合寫文章，也是 2004 年，時為美國大選，這是我們當年在大學的研究範疇。10 多年後，再寫大選，是因為雪雪，今次的著眼點，是小孩與教育。

選戰中的 K-12

　　美國教育制度中的 K-12（Kindergarten - Grade 12）學生，是選戰中經常被忽略的一群。雖然世界是他們的，但候選人卻不由他們選擇。更可惜的是，不論是民主黨抑或是共和黨的候選人，均沒有大幅著墨於教育，亦遑論提出推動教育的長遠政策。

　　希拉莉與特朗普，被形容為兩個爛橙之爭。記得當時他們在完成第一場辯論後，身邊的美國朋友，尤其是身為家長的，感受至深的是，簡直不能相信他們當中任何一位將會是總統，並認為這個玩笑開得太大。

　　曾經，甚或至今，不少人對升學美國還是滿有憧憬，至少這是我們一代人讀

書時認為不錯的選擇。可能你也曾在唸大學時，聽過教授比較美國學生與本地學生視野及積極性的差別，過往亦有不少學者援引美國教育為具啟發性和靈活性課程的例子。

不過，當日面對兩名「不相伯仲」的候選人，連在美國本土的教育工作者也不禁在第二場辯論時，劈頭便質疑一個基本的問題，兩位到底是否能勝任為青少年的榜樣？當地教師家長對下一代的擔心，可想而知。

圖片來源：https://www.amazon.com/Vote-Me-Ben-Clanton/dp/155453822X

教育方案制度僵化

過去十多年，隨著知識型及科技型經濟發展，各地政府都推行教育普及化。當中的芬蘭模式，自千禧年代起在中小學教育中廣獲認同，該地學生的語言質素和 PISA 國際評核中的排名經常名列前茅。反觀素以大學質素為榮的美國，在推動中小學教育時卻苦無對策，無怪乎當地家長只能邊看大選，邊在皺眉。

香港的 TSA 不斷為家長所詬病，而美國在 2001 年出台的 No Child Left Behind Act (NCLB -「不讓一個孩子落後」法案) 也不遑多讓，法案原希望透過統一評估機制，讓當局掌握學生水平，從而決定提供多少及哪種類型的學習支援予學校。這法案引伸出的制度僵化、臃腫及過份催谷，在港的家長自然身同感受，我亦不在此贅。

美國所倡議的全國性中小學英語及數學基準 (Common Core Standards)，雖然有 40 多個州份正在使用，但帶來鼓吹操練考試的副作用，令政策本末倒置，家長學生身受其害。故奧巴馬在卸任前的聖誕為學生提供一份聖誕禮物，提出以 ESSA (Every Student Succeeds Act) 取代 NCLB，增加彈性及強調州份的地方自主，減少聯邦政府對州份教育的操控，以矯正過度標準化的考試及測驗，政策成效尚有待觀察，但至少是撥亂反正的第一步。

特朗普明顯希望藉此議題大做文章，大力反對所有一刀切的基準，"No Common Core" 是他的教育 sound bite，語不驚人死不休的他形容「這只是華盛頓的標準」，甚至認為教育局可以被廢除 (當然，換作在香港，可能不少家長也認同這是一大賣點)。事實上，這只是一種東施效顰的建議。除此之外，似乎他對其他教育議題已經不能給上甚麼意見。

　　自從電腦和上網普及，各地推動以科技改善教育質素，希拉莉雖在政綱中沒有多著墨教育，但至少明白教師持續進修及改善公立學校硬件這些「例行」動作的必要。推行普及電腦科學教學一項，是她唯一比較實在的教育方案。美國很多科技公司都樂意投資大學課程，但中小學的科技教育卻通常只靠非牟利組織去推廣，政府其實可以做得更多。

看大選是公民教育親子平台

　　在問題導向（Problem Based Learning）和個人化學習快速發展的時代，世界各地面對的一大難題是，推動教育政策的上一代，對我們下一代的教育及學習模式脫節得無從入手。固然，即使是備受推崇的芬蘭模式亦無法世界通行，但當一個地方能信任於讓 80 後當教育部長，而不是像這裡曾盲目相信月讀 30 本書的人，你會傾向相信誰能為新世代想出更合適的教育方法？

圖片來源：https://www.youtube.com/watch?v=zEsSDJjYW0E

白色洋娃娃乖啲？
It's OK to talk about stereotype

還未到 3 歲，雪雪就開始展現出自己極有主見的一面，她經常清楚的告訴我她喜歡及不喜歡甚麼，有時更會反過來詢問我的喜好。玩 Lego 時，她會說「我鍾意粉紅色，我唔鍾意藍色。媽咪，你鍾意咩色呀？」雖然吉蒂貓是以粉紅掛帥，但我（自覺）不多以此荼毒雪雪，她年紀少少已強調愛粉紅色，我不禁會問：「究竟女孩子是否真的較喜歡粉紅色？而男孩子則不可以粉紅掛帥呢？如果真的是，又因為甚麼？」

社會的性別定型

過往在社會科學界的訓練會告訴我，這是一種性別定型（Gender Stereotype）的結果，社會上的男女老少不單在顏色、喜好，以致性格及感受，也有既定框框。這些定型可以很表面的，由女仔愛紅色、男仔喜歡藍色；女孩子玩煮飯仔、男孩子玩車車；到很內在的，哥哥要堅強有淚不可輕彈、姐姐要溫柔不可大聲說；凡此種種，也是社會預設的框，但這些既定的假設，真的能幫助孩子成長嗎？

圖片來源：https://www.youtube.com/watch?v=QRZPw-9sJtQ

　　在幼兒教育上，過往就曾有不少實驗反映不同 Stereotype 如何影響兒童成長。這些實驗不單在性別、種族、能力上也有先入為主的觀念。40 年代，美國進行了經典的洋娃娃測試實驗，內容就演繹了他們是如何看自己和其他種族的小朋友。

　　實驗於孩子面前放上兩個長得一模一樣的洋娃娃，一個是白皮膚，另一個是黑皮膚。主持會詢問孩子，哪一個較漂亮？哪一個較醜？哪一個較友善？哪一個是壞孩子？然後由小朋友自由作答，結果顯示，小孩子對不同膚色的公仔也存在既定看法，而在沒有真的接觸過壞人的情況下，孩子竟然從小開始已有「黑人多數是壞人」這個可悲的概念。

加州一間社區學院 Modesto Junior College 在差不多 10 年前，就用 Barbie 公仔重做了一次洋娃娃實驗，今次有 3 種顏色的 Barbie 供選擇，包括白黃黑三種膚色，結果超過一半小朋友認為白皮膚的 Barbie 較為漂亮，而超過一半小朋友覺得黑皮膚 Barbie 較曳，在眾多受訪者中只有一位小朋友認為，黑皮膚的 Barbie 最美麗。既然他們以芭比作為實驗體，本文亦藉此機會重溫一下，芭比在過去 40 年，一直跟國際化，以及在地化潮流相互呼應。

自 1959 年首個芭比推出後，她成為（除 Hello Kitty 以外）全世界億萬女生中的夢想。在大部份人心目中，芭比是金髮大眼尖面白人女生。至少我們在玩具店看到的，大部份還是這樣子。

雖然自 80 年代開始，為配合更多從中美州移民到美國的家庭，已開始推出不同形象的芭比，例如 Hispanic Barbie，便是首個以芭比命名的非白人洋娃娃。90 年代開始，她推出不同國家版本，從泰國、德國、巴西、澳洲到日本、中國等應有盡有，是玩具國際化的一個經典示範，但每個芭比都停留在有種族、國籍定型的階段。

及至在 2010 年，芭比「反樸歸真」，Barbie Basics 是 12 款不同膚色、面相、髮型、身型，但均以芭比為名的洋娃娃。沒有了國籍框框，孩子可以選擇喜歡的洋娃娃，而不用強調自己喜歡的是 Chinese Barbie，還是 Japanese Barbie。從此不再有中國娃娃等於鳳眼寶寶、日式寶寶代表身材矮小。Barbie 由單一種族，到不同國籍，再發展到以個人為單位，打破國界，呼應全球化下的社會。事實上，今日我們在地球任何角落，也可以找到各式各樣膚色、面相和打扮的女生。

飛天小女警（Powerpuff Girls）
圖片來源：https://www.youtube.com/watch?v=PbmgPe6O31A

莫論膚色 莫論出處

　　除了芭比，其他卡通故事也逐漸走向國際。英國的 *Thomas and Friends* 中，除了原本的小島 Sodor 和比喻為英格蘭的 The Mainland。2016 年 *The Great Race* 就加入印度的 Ashima 為主角之一。還有曾引起網上熱議的飛天小女警（*Powerpuff Girls*），也加入了 Bliss，與 Blossom, Bubbles 和 Buttercup 一同執行新一季的任務，成為第一位不同膚色的 Powerpuff Girl。

　　這些細微的角色設定，就是一小步一小步開始，讓孩子明白，每個不同出身的人都有能力貢獻社會，莫論膚色，莫論出處。如何令「洋娃娃」中的「洋」字，在孩子的認知中變得更多元、更全球化，我們可以從他們的手上玩具出發、由陪伴孩子成長的卡通片開始，一點一滴改變這個充滿 Stereotype 的小孩子世界。孩子本來就是一張白紙，別讓這個社會把一些「似是而非」的歧視、定型框架加諸孩子！

　　深膚色的孩子，也是好孩子！

Chapter 5

It's ok,
和孩子閱讀
世界

虎媽選圖書
It's OK to be an elephant

雖然爸爸告誡雪雪不要爬近書櫃，
但雪雪看來完全沒有理會。

幼承庭訓，爸爸的藏書量可媲美小學圖書館，我理所當然地以為，雪雪一定喜歡看書。故由她出世開始，每晚在她臨睡前，我也打開圖書，跟她説故事，希望慢慢養成她的閱讀習慣。

起初數個月，她好像非常享受 Bed time story 時間，可惜好景不常，由她懂得爬行開始，似乎對能夠抓到我手上的書、然後撕開它更有興趣。這簡直成為視書如命的爸爸的一大噩夢，他嚴重告誡雪雪不要爬近書櫃。

為了令家中的書更長壽一點，我由選擇書本內容轉而到選擇它的質地，家中的童書改變成布書（弄污了也方便清洗）、厚紙書（至少雪雪撕不破）及

Workman 的可撕防水書（新奇質地，無毒是一大賣點）。撇除我那些只求不要撕破的這類最低要求，相信不少家長也曾像我一樣，為子女選擇圖書，腦中有一百個問號，不知從何入手。

既要選擇合適的圖案質地，又要顧及可讀性及內容，談何容易？

美國有一種被廣泛使用的機制名叫 Lexile Framework，是由 MetaMetric 開發的書本閱讀難度評分制度，用作分析讀者的閱讀能力及書籍文本，再將兩者轉化為適讀性的難度函數，讓讀者量度自己的閱讀能力。Lexile 的出現，原意為幫助讀者尋找適合自己閱讀的書籍，或引伸幫助父母替子女找到符合他程度的書，然而在這個凡事講求計算的年代，Lexile 成為了一些家長的 RPG 遊戲，有父母不自覺化身成為小孩「訓練員」，樂此不疲地研究打爆機攻略！

只求「升呢」失卻原意

曾有虎媽在網上問道：「孩子小四時該讀甚麼，才能在小五順利看懂 *Harry Potter*?」，並列舉女兒在升三年班時所讀的書所屬的 Lexile Level，希望透過不斷增加女兒讀書的數量，從而提升她的 L 值，讓她盡快「升呢」。

據稱小虎女在升小三所時看的書 Lexile Level 是 450L 至 650L，由於 *Harry Potter and the Sorcerer's Stone* 是 880L，虎媽求救 facebook 大神，怎樣可以盡快「增加 CP 值」云云。雖然 Lexile 官網的確有提及 L 值與就讀年級的關係，而不少學校都會以此基準為小朋友設定閱讀目標。然而家長這樣只求「升呢」的催谷，與閱讀本身的意義實在大相逕庭，問題不在小虎女應再讀些甚麼才能升值，而是看

些甚麼書才能令她對 Harry Potter 或閱讀圖書更有興趣。

　　下圖便是以英語為母語的國家所使用的評級比較：Grade 1 是 6-7 歲，Grade 6 是 11-12 歲。以 *Harry Potter and the Sorcerer's Stone*（880L）為例，大概適合以英語為母語的 10-14 歲小朋友閱讀。

　　心算一下就不難發現，如果小孩子喜歡閱讀，對 Harry Potter 系列有興趣的話，即使不刻意催谷她的 L 值，她也會在差不多年歲逐漸讀懂。如果英文不是母語，也可以讓她看翻譯本或其他中文名著，讓她慢慢享受「閱讀」的真正樂趣。

　　書本種類千變萬化，單單讓小朋友在圖書館內打書釘，已足夠讓他們消磨整個下午。但對許多家長而言，選擇圖書給小朋友卻因歪曲的閱讀風而變成了一道難題。每個孩子都有個內在老師（Inner Teacher)，只要能引發到他們的興趣，小朋友的觀察、理解及記憶力，往往超乎想像。凡他們覺得有趣的事，他會比你更想去看懂學懂，哪怕該書是 200L、500L 還是 1000L。

Lexile Level 學生閱讀指標

年級 （Grade）	指標
1	高達 280L
2	230-580L
3	360-720L
4	480-830L
5	620-950L
6	690-1020L

年級 （Grade）	指標
7	780-1090L
8	820-1140L
9	880-1180L
10	920-1200L
11	940-1210L
12	950-1220L

資料來源：https://www.lexile.com/about-lexile/grade-equivalent/grade-equivalent-chart/

一起快樂閱讀

順帶一提，雪雪平日最愛看 *The Very Hungry Caterpillar* 的 Lexile Level 是 AD460L，AD 是成人指引（Adult Directed）的意思，大部份幼兒圖書也有這個 AD 編號，意即鼓勵家長與小孩一起閱讀，這是能讓小朋友明白其內容的最佳方法。如其我們不斷催谷孩子「升 L」，不如多花一點功夫與他們一起快樂閱讀，他們在親子閱讀的過程中所接收到的，遠比硬塞一本冷冰冰的書給他們為多。

在盛產虎媽的年代，也許 Priyanka Sharma-Sindhar 的象媽教養法是另一出路。到底是象媽的呵護與鼓勵，還是虎媽的嚴厲訂立高標準，才是讓孩子有更好成長的出路，不同家庭可能有不同想法，作為擁有一雙象腿的媽媽，我還是希望保留一顆象心。套用鄧不里多的一句話：「是我們的選擇，而不是我們的能力，去決定我們成為怎樣的人。」（It is our choices, that show what we truly are, far more than our abilities.）

各位媽媽，互勉之！

講講下故事書就話完？
It's OK to stop the story

上一篇文章，寫的是如何替孩子選擇圖書，介紹了美國的 Lexile Level 閱讀標準，以供大人小朋友選擇書籍。這些硬數字，固然有一定的數據基礎，不過正如我在文中提及，幼兒童書的 Lexile Level 多有 AD 在前，意即建議由 Adult Directed，這是前題，亦比一切指數更為重要。畢竟最好的閱讀方法，也離不開由家長與小孩共讀。

家長要先愛閱讀

New York Times 一篇文章就跟讀者分享到，如何孕育出一個愛閱讀的小孩子。關鍵很簡單——"If you want to raise a reader, be a reader." 孩子的眼光敏感直接，他能在你身上看到對閱讀的興趣，自然就會覺得看書是一件有趣的事，反之亦然。這是身教，亦是教養孩子的基本步。如果連我們自己也不覺得閱讀有趣，又怎能期望孩子會愛上看書呢？

家中有一名書痴的好處是，家中信手拈來都是書，選擇童書，其實沒有對錯之分。因為對初生寶寶來說，書的內容並不重要，重要的其實是跟孩子看書時所發出的聲音、所用的詞彙、以及所產生的互動。不少研究也指出，初生寶寶能在幼嬰階段所接觸的詞彙數目，與他日後的語言發展有莫大關係。

透過互動促成學習

　　值得一提的是，這個學習過程，是需要透過與孩子直接互動而促成的，若因各種原因把學習外判給電視或其他電子產品，都不能達到以上效果。每天跟孩子「讀」書，認真地「讀」出來，無論是甚麼書，只要是由父母讀出，並在閱讀時適當地加入眼神接觸，即使沒有很特別的喻意，單是聲音與眼神，已對孩子的語言發展幫助匪淺。

　　打從雪雪幾個月起，我就每晚堅持跟她看書，由起初只有圖沒有字的小布書，旨在讓她看色彩和感受不同觸感，到後來更一起看帶有故事性的繪本，每本都承載著我們晚上的親子溫馨時光。我原以為，這只是一些媽媽自己很回味的親子時刻而已，直至有一次，跟雪雪在的士車廂內如常傾計。

　　的士司機很驚訝的問我：「你的孩子有多大？」

　　「兩歲多一點。」我答道。

　　「她懂說那麼多東西，你聽她那些對答，沒可能是兩歲多的 BB 吧！」

跟所有父母一樣，孩子給人家這樣一讚，自然心裡有點開心。但我想說的是，自己平日要上班、上課，在日間能與雪雪說的話非常有限，全靠睡前小故事時間，成為了我們重要的親子時光，現在很多時雪雪在睡前，也會主動跟我說故事的內容，並懂得把細節鉅細無遺地表達，她算得上是個（在家）說話、詞彙多的小孩子，BB 時期的閱讀習慣應記一功。

只要孩子能把閱讀與父母的聲音連接上，從此便不用擔心孩子會不愛閱讀。父母的聲音對孩子來說，永遠是最美妙動人的聲音，閱讀跟最動聽的話劃上等號，這種聯想，將會把閱讀這習慣化成孩子終身的愛好。

到戶外一起看書

過了幼嬰階段，與稍大一點的幼兒閱讀，父母就更可以更多元化，除了說睡前故事，可以的話，日間也多和孩子到戶外一起看書。18 個月大的孩子開始想要更多自主性，那時不妨讓孩子自己選擇喜歡的圖書，鼓勵孩子表達他喜歡書本哪一部份、以及是因為甚麼？現在每晚也是由雪雪自選故事書給我講，她亦負責在看書時

揭頁，由她控制閱讀速度，同時鍛練她小手的肌肉發展。這種手心眼的協調，也是一種對孩子有益的訓練。

共讀時讓孩子自由發揮

以前我常常覺得，說故事時，必須要把故事說完才算。若孩子在中途打斷，我會慣性地請她先讓我「完成」要說的情節，而不是即時回應她。卻忘了這行動最重要的，不是要「完成」甚麼。孩子其實是用另一種方式告訴我們，她投入在這故事當中（因此才會有問題要問）。我們要做的，不是把閱讀當成工作，然後自顧自地完成「講故事」環節，不妨多從孩子的角度出發，在共讀時間邀請他們以各種方式回應。別小看孩子的觀察力及學習能力，即使是說過百遍的小故事，孩子依然會覺得新奇有趣，當中能發掘的細節依然豐富精采。

現在我很樂意在說故事時被孩子打斷，畢竟，這是孩子成長的印記。

空中圖書館
It's OK to quit the screen

　　早幾個月頻頻出差，差不多隔個多星期就要飛，每次公幹，都會很掛念家中兩個小肥妹。自從有了兩個可愛的小肉團後，平日實在很少有一個人安靜的時間，出差其中一個好處是，能有一點點的私人空間，尤其在飛行途中。看電影打發時間，是不少「空中飛人」上機後的指定動作，若你一個月內多飛幾次，就會發現自己竟不知不覺連爛片也會消化掉。

Two-year-old boy knows how to board a plane in style

圖片來源：https://www.facebook.com/
TheIndependentOnline/videos/vb.13312631635/1015508
3558261636/?type=2&theater

　　若帶著家中孩子飛又如何？曾帶過孩子出遊的家長，大抵都體驗過，坐飛機對小孩子來説（其實是對父母來説）是旅程中一個（以及第一個）考驗。早前看過一段網上短片，一名 2 歲小男孩上機時逐一與每個乘客擊拳打招呼，以超萌方式展開空中之旅，這是一個很好的 Orientation 練習，讓孩子能自信滿滿地開始旅程，下次再跟雪雪雪糕出遊，我也想試一試。

記得首次帶雪雪坐飛機時，我特地隨身帶著她喜愛的餅乾與 Lego 公仔，以確保在機程中有足夠的「法寶」可以安撫她，好好打發那數小時被困機倉的時間。消磨孩子的時間，有人選擇在航班的電影清單中，找一套卡通片播放，讓孩子在機上得到一點娛樂。這類電子奶咀是雞肋，畢竟能找到有養份的節目，可供大人小孩共看，並不容易。

飛機上的圖書館

英國廉航 EasyJet 早前就提供了一個更好的建議，他們宣布與英國著名童書作家 Dame Jacqueline Wilson 合作，推出「空中圖書館」（Flybrary）即Flying Library，讓孩子可以在飛機上享受閱讀。這是一項非常聰明的建議，一方面彌補了作為廉航，沒有提供電子產品作為機上娛樂的缺點，另一方面認真地落實一些對孩子和社會好的建議。

圖片來源：Twitter: The Bookseller

推出這項計劃，源於一項英國的親子調查顯示，83% 家長認為孩子比他們當年閱讀得更少。今時今日在英國 8-12 歲的學童，平均在一整個暑期只看完 3 本書，比起他們父母那年代少了足足 25%。但想深一層，其實上一代在一個暑假只看完 4 本書，真的一點也不多。（看我們的前教育頭目，連月讀三十本書也覺得濕濕碎。）

9 成家長認為，這趨勢與電子奶咀的出現有關。電子產品的興起，一定程度上削弱了孩子的讀寫時間與能力。這是事實，也是作為現代父母的兩難。

「相對屏幕，書本更能刺激孩子的想像力及成長發展。閱讀富娛樂性，既能增加孩子的生字庫，亦鼓勵孩子動動腦筋，故提倡在飛機上閱讀，帶孩子進入一個文學探索之旅，是個妙絕的建議。」Jacqueline Wilson 嚴選了 10 本好書，她推薦的書單包括 *Peter Pan*、*Alice's Adventures in Wonderland* 等經典名著，亦有 *Charlie and the Chocolate Factory*、*Finn Family Moomintroll* 等深受兒童喜愛的當代讀本，這些童書將放在機倉的座位內，讓乘客在機上細閱。

以後坐飛機，比起那本翻到爛的廣告雜誌，能有好讀本讓大人小朋友一同分享，無疑是一大進步，亦是作為家長的一個喜訊。即使不是坐這家航空公司，與孩子出遊時也不妨隨身帶著讀物，找些我們自己也喜歡説和讀的故事、或者帶一些跟旅行相關的繪本，讓孩子先在故事世界得到旅行目的地的 Orientation，對旅程多一點期待，少一點擔憂。

下次出差，我也會多帶兩本書，逃避爛片。

讓孩子成為說故事者
It's OK to be critical

　　剛剛兩歲時的雪雪變成了一個不斷 NoNoNo 的小朋友，其實這也是成長的重要歷程。對比以往不經思考只一味答好，無疑是一種進步。小孩子的學習能力強，能不斷吸收，我們願意投入多少心思，她的海棉就能承載多重。

以 PEER 技巧引導

　　家人近來買了一本有關「家居安全知識」的圖書，書中以不同場景表達家居常見

的意外及安全須知，包括「不能伸手入風扇」、「不要觸碰插蘇及電掣」、「不要走近廚房及爐頭」，內容實用，亦有預防意外的作用。不過，與其單單跟孩子邊看邊説這樣不能、那樣不可，不妨嘗試以「對話式閱讀」（Dialogic Reading），讓孩子不止成為故事的聽眾，也協助他成為説故事的人，不再停留在被動的接收者角色。

　　Grover J. Whitehurst 的「對話式閱讀」其實不需要特別技巧，為方便家長牢記，他以 PEER 概括做法——Prompt, Evaluate, Expand and Repeat。即提示孩子主動説有關圖書的內容、鼓勵及讚賞孩子的反應、在回應孩子時加入新資料以延長句子，然後再重複一次這些做法。舉個實際的例子，當我和雪雪看「家居安全知識」時，可以指著圖中的電掣問她：「這是甚麼？」（The prompt），當她答「電掣」後，我可以回應「啱啦（The evaluation），呢個係插住電掣嘅插蘇（The expansion）；你又試下講一次插住電掣嘅插蘇？（The repetition）」

global digital
citizen foundation

The Ultimate Cheatsheet for
Critical Thinking

Want to exercise critical thinking skills? Ask these questions whenever you discover or discuss new information. These are broad and versatile questions that have limitless applications!

Who		
... benefits from this?	... have you also heard discuss this?	
... is this harmful to?	... would be the best person to consult?	
... makes decisions about this?	... will be the key people in this?	
... is most directly affected?	... deserves recognition for this?	

圖片來源：https://globaldigitalcitizen.org/critical-thinking-skills-cheatsheet-infographic

除了「對話式閱讀」，讓孩子自小學習 Critical Thinking，擁有正面和立體的思考方式，是讓他們成為主動學習者（Active Learner）的關鍵，這亦是抗衡死板的 "yes / no" 指令式教育的重要一步。"Critical Thinking" 一詞經常和通識科課程同時提起，也是近年中小學的其中一個 Hot Vocabulary。成年人世界中經常聽到，但實際上抽象的課題該如何演繹，也是很需要 Critical Thinking 的一件事。既然沈爸爸愛「國際視野」又愛網上開台，我們就以 global digital citizen 角度看看孩子如何學習思考網上世界。

讓孩子明辨思考

過往 Critical Thinking 譯為「批判思考」，但有人認為「批判」一詞包含負面意義，故近年譯作「明辨思考」。譯名以外，這是一個不停反覆提問與解答的過程。父母和孩子的第一個 Critical thinking moment，大概是 3-5 歲，那時孩子會每天問 100（萬）次「點解」。孩子的腦袋開始建構（Construct）身邊事物發生的原因和價值觀，父母對事件和人物的反應非常影響孩子在生活和社交圈子（他們提問的情景可以是學校、遊樂場、朋友家中等）的態度和能力，懂得利用孩子的「點解」去解釋事情發生，就是教他們 Critical Thinking 的第一步。

每件事情，除了「點解」（Why）之外，也嘗試引導孩子在閱讀新聞或新事物時，延伸以 Critical Thinking 想想以下 6 個問題：

- 誰（Who?）- 誰會得益？誰會受傷？誰做這個決定？誰會受影響？誰對事情認識更多？可以跟誰討論？

- 甚麼（What?）- 有甚麼好處及壞處？有甚麼不同角度和選擇？甚麼重要？甚麼不重要？有甚麼難處？有甚麼方法改善？

- 哪裡（Where?）- 哪裡找到更多可信資訊？哪裡可找到幫忙？事情在哪裡發生？在哪裡會成為問題？這哪裡不成問題？

- 何時（When?）- 何時事件會成為問題？甚麼是最好的處理時間？甚麼時間可以 / 不可以接受？甚麼時候要找幫忙？歷史是否可以借鑑？

- 怎樣（How?）- 事情是怎樣變壞的？事情如何帶來利益或破壞？事情帶來怎樣的變化？再發生的話會怎樣面對？

- 為何（why?）- 集合以上 5 點，就是提出為何的時候。事件為何發生？為何影響他人？為何成為新聞？為何這是最好或最壞的情況？

　　面對每天不停問「點解」的孩子，家長少一點耐性與精力，也會覺得吃力。生活壓力、工作忙碌，令我們不自覺將「教育」這項目下放予不同的「幫手」，有人選擇用電腦手機、有人選擇外傭姐姐，亦有人選擇 playgroup 老師，這些方法各有用處。但父母畢竟才是最能啟發孩子的人，亦是孩子最希望和願意學習的對象。我們如何與她互動，就將會成就一個怎樣的孩子。看到孩子對事物好奇、對新聞內容有興趣時，我們更應幫他們一把，讓孩子好好運用腦袋，一同發掘「點解」、「點樣」、「邊度」、「幾時」、「邊個」、「為何」的答案，漸漸你會發現孩子的成長與不同。這，亦是芬蘭 phenomenon-based teaching 的精髓。

不「說教」的繪本作家
It's OK to be lost

　　雪雪最愛的公仔，不是媽媽鍾情的 Hello Kitty，也不是沈爸爸的叮噹。也許因為身形相似，她的好朋友是陪在她床邊的小企鵝。小孩與企鵝成為好朋友的故事有很多，其中我們最愛的是 Oliver Jeffers 所畫的 *Lost and Found*。喜愛繪本的家長們，可能也曾看過這本橫掃英國多個童書獎項（包括：Gold Award at Nestle Children's Book Prize 2016、Blue Peter Book Award 2016 及入圍 Kate Greenaway Medal）的作品，這故事其後更被製作成動畫，並於英國第四頻道播放。

繪本開闊孩子情感領域

　　Lost and Found 是一個關於失去的故事，也是一個有關友情的小品。書名有多重意義，首先是小朋友原以為忽然在家門出現的小企鵝是走失了，故帶牠到「失物認領處」（Lost and Found），希望幫牠找回家人。後來，當小孩護送企鵝回南極後，他

充滿「失落」（Lost），才驚覺企鵝當初是因為寂寞，而不是迷路才出現，最後他回頭重新去找回（Found）企鵝。而企鵝與孩子分別後，原以為失去（Lost）了好朋友，後來卻在茫茫大海中再次與他遇上（Found），然後有經典相擁的一幕。

失去了才懂得珍惜所擁有，是成長必經的一課，這樣抽象的概念，Oliver 竟能具體地在字裡「畫」間描繪出來。透過繪本這平台，我們能開闊孩子的眼界及情感領域，即使是人生大道理，也能從讀故事書來學會。

Oliver Jeffers 的創作充滿想像空間，從不「說教」，在 *Lost and Found* 中就不曾出現過一句「珍惜所有」、「活在當下」等老土教條，他說故事的方法簡單直接，即使線條抽象，內容卻很生活化，讀起來別有風味。開放的結局，配以 Bold 線條和顏色，是他的標記。來自澳洲的他，從小住在北愛爾蘭，定位是個藝術家，他創作了一系列很有「藝術感」的繪本。本來畫童書並不是他打算要走的路，卻因為一次坐在悉尼碼頭仰望星空時得到靈感，畫出了為他打響名堂的成名作 *How to Catch a Star*，如何摘取天上星星，是不少父母都收過的問題，主角以充滿睿智的方式來一步一步完成摘星計畫。

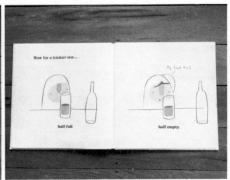

應讓孩子看甚麼書？兒童故事繪本是個極大的寶藏，內容可以天馬行空，即使未必符合物理現實，卻能讓孩子充份想像力。 Oliver 的 The Hueys 系列一共四本，也是我們的心水之選，他們分別是 *What's the Opposite, None the Number - A Counting Adventure*, *It Wasn't ME* 以及 *The New Jumper*。

探討故事背後的深意

The Hueys 系列表面看似是工具書，教小朋友基本的數字、相反詞，化解紛爭，與及認識「相同與不同」的概念。但其實每本書中都帶出饒富意義的哲學問題，家長和小朋友一起閱讀時，有很大空間去討論故事背後的深意。在 *What's the Opposite* 中，除了讓孩子認識高低、冷熱、輕重等相對的概念外，書中提出了發人深省的一幕，「這杯水是半空」，同時「這杯水是半滿」，這是相反的概念卻不是一對相反詞，「半空半滿」的分別，只在乎我們以甚麼心態去看！

The New Jumper 看似是教導小朋友分辨「相同與不同」的概念，同時挑戰著社會中扭曲的價值觀，以及人云亦云的荒謬。當所有 Hueys 都過著一式一樣的「倒模人生」，誰也不穿衣服時，忽然穿上自家製 Jumper 的 Huey 成了族群中的異類，後來卻因為另一 Huey 的加入，逐步改變了其他人的看法，到最後穿 Jumper 成為了當代潮流。因身處「正常」及「成功」只有單一標準的社會，書中的 Huey 曾被族人非議，這亦正是我們社會的寫照。當我們說每個孩子都是獨特的，要尊重並讓他們發揮所長，*The New Jumper* 就用最簡單的故事，讓我們學懂這道理。至於另外兩本，就留給家長們自行去發掘。

　　Oliver 的繪本故事貼心，容易成為家長和孩子溝通的話題，作為藝術家的他，設計每件作品，其實也是其生活和世界觀的投射。Oliver 在衛報接受訪問時提及，他的作品除了一系列兒童繪本外，也有不少在藝術館展出的。他擅於使用簡單直接的顏色去表達角色和場景，甚至連主角的性格也能從他繪畫的角色中閱讀得到，比起一些寫真度很高的繪本，Oliver 書中的潛在意義很豐富，成年人讀起來，也會不時會心微笑。或許這是他「藝術家」的一面，致令他的圖像和故事多添了一點哲學味道。

　　"There was no point telling stories because there was no one to listen, except the wind and the waves". 這是 *Lost and Found* 中小朋友離開了企鵝後的失望獨白。

　　孩子比任何人更想與父母共讀，你準備好成為他生命中的小企鵝，與他漫步人生了嗎？

有心思的兒童圖書館
It's OK to read with nothing but heart

　　跟沈爸爸去旅行，他是個愛書人，所以在行程中加入了參觀圖書館一項。到多哈這中轉站，順道留了兩天，踫巧當地最新的國家圖書館（Qatar National Library - QNL）剛落成不久，我們到了當地打寰，這所圖書館由荷蘭知名建築師 Rem Koolhaas 設計，他本身亦是設計西雅圖中央圖書館（Seattle Central Library）的旗手。一步入 QNL，我們就被一排一排梯級型設計的書架吸引，那裡真的把書當成藝術品。以往圖書館一排又一排的書架，目的是把書本整齊排列，務

求放到最多的書，但 QNL 的設計則是盡力讓每一本書都能被讀者看見，是以書架是層層遞進規劃的，據說這個全新國家圖書館套用了不少新科技，包括執書排書的智能系統及整全檔案庫等。

以人為本的圖書館

正如開首所說，這是個「以書為本」的圖書館，猜想設計者應是個愛書之人；但我認為真正先進的，是這圖書館的格局也非常「以人為本」，在人工智能能取代一切之先，人性化的出發點反而是真正的超前。她不單設有「兒童圖書館」，更把她設於 QNL 的餐廳旁，以透明玻璃稍為分隔，目的是方便媽媽們可以一邊姊妹淘、一邊看著小朋友，又因為在餐廳食飯時不免會有一定聲浪，這就正好跟「兒童圖書

圖片來源：https://www.facebook.com/yitiaotv/videos/vb.374308376088256/726101974242226/?type=2&theater)

圖片來源：https://www.marhaba.qa/qatar-national-library-open-november/

館」內的玩樂聲互相抵消。方便父母照顧之餘，又能免除在圖書館發出聲浪時的尷尬。當然，若社會有多點像日本岐阜的社區中心兼圖書館的公共建築，父母和孩子就更能輕鬆自在。早前有 FB 專頁介紹了岐阜那座「最不孤獨的圖書館」，正是容許孩子在當中隨意奔跑、說話的，只要脫掉鞋子，就可以跳入軟墊當中，自由自在地跑跳爬行。在這樣的社區和圖書館陪伴長大的孩子，不愁寂寞。

　　有孩子的父母就更加明白，要求孩子長時間坐定定，是不設實際的期望，故 QNL 在「兒童圖書館」旁，加入了一個非常簡單的小型攀石牆，以供孩子放電。這設計跟香港近年把圖書館跟體育館毗鄰，方便一家大小到圖書館後，可到體育館內的室內遊樂場，有異曲同工之妙。如其想法子困著孩子乖乖靜坐，不如找點子讓他們願意注專學習。

　　又因「兒童圖書館」的目標群由 0 歲開始，QNL 的設計也願意思考這些小小的腦袋，是如何閱讀世界？故「兒童圖書館」要做到的，不是藏書量有多豐富，而是有多明白孩子的學習模式。他們不是透過看地圖或讀《80 日環遊世界》去觀看世界，

的確孩子的世界其實很大很闊，一切都有創造的可能，透過身體的不同部份去「閱讀」，才是小孩的常態。

快樂學習的場所

雪雪學懂甚麼是 "Farm"，不是因為她學到這四個英文字母的讀寫方法，而是因為我們一起唱過「Old MacDonald Had a Farm」，她就明白農場內有農夫（MacDonald）、有不同動物（chicks, ducks, cows, pigs...etc）、牠們會發出不同的叫聲（chuck, quack, moo, oink），那裡是嘈吵但快樂的地方，這是她用聽覺「閱讀」後對 Farm 的了解和結論。

雪雪也不會因為看攀石書而學曉如何征服石牆，但她會因為爬過又跌過，而學會手腳協調與平衡，這就是以觸感「閱讀」的成長過程。所以，「兒童圖書館」不一定只有書本，小朋友的「閱讀」是多面的，一箱波波也許比一系列教顏色或形狀的書更有啟發性，一面鏡子其實亦比一套教身體不同器官的書，更能讓孩子認識眼耳口鼻。

最好的設計未必需要最高的科技，而是最高度的用心。

小時候，圖書館於我，最強烈的印象，是一個寂靜無聲的地方。希望有一天，圖書館於孩子而言，最深刻的，會是一個快樂學習的場所。

學習跟孩子說故事
It's OK to make lifelong friends with books

平日放工回家都已經 7 時多（當然 OT 另計），很多時也得在 15 分鐘內匆匆吃過晚飯，然後把握時間，埋首跟雪雪和雪糕來點親子時間。常跟同事笑說，晚上 7 時至 10 時是全日最忙的數小時，作為在職媽媽，自然很想在放工後，盡力彌補白天沒跟孩子相處的時間。

享受親子時間

與雪雪的其中一個指定節目，當然是睡前小故事。孩子的小腦袋很有趣，即使你已經連續 10 日，邊講邊看同一個故事，她也依然聽得樂此不疲。有時連我自己也覺得有點納悶，她還是繼續表現得興致勃勃。

因為她的用心，激發我想更好的與她看書說故事，於是之前參加了一個有關親子閱讀的講座，想分享其中幾點，希望大家也可以好好享受甜蜜的親子時間。

1. 放下預設期望

與孩子看書時，我們不自覺會加入了預設的期望，這些期望絕不怪獸；但的確，很多時也是不必要的框框。幼兒反轉書本來看，要出手糾正嗎？不順序地揭頁看書，可接受這種閱讀方法嗎？只顧用手觸摸書籍，這樣是不專心看書嗎？其實，這些全都是正常不過的小孩子「閱讀」模式，也是他們成長必經的一部分。

又例如，打開書本講故事後，我們經常覺得一定要講完這故事為止。但有沒有說完這故事，對孩子的學習過程真的有重要影響嗎？孩子的理解力會因此而受阻嗎？觀察力有因而被削弱了嗎？還是只因我們覺得沒有講完整個故事，就代表我們沒有「完成」這個 Task ？

凡此種種預設期望，也許只加重了我們對自己及孩子的要求，卻沒有加強了他們對閱讀的喜愛和投入。

反轉書本來看、不順序地揭頁看書⋯⋯這些全都是正常不過的小孩子「閱讀」模式，也是他們成長必經的一部分。

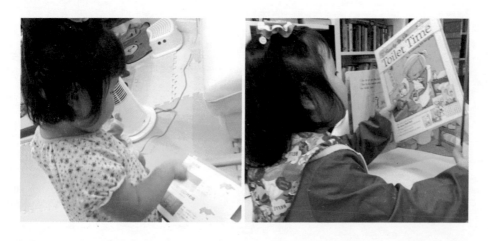

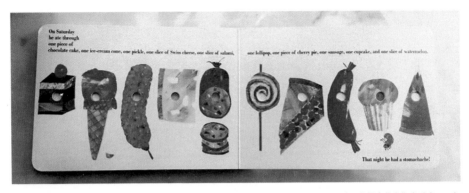

與愛吃的雪雪看 Eric Carle 的 The Very Hungry Caterpillar（《好餓的毛毛蟲》）時，我們會代入為小毛蟲，一起興奮地分享每日生果。

2. 全情全程投入

　　當我們每次說故事時，是雀躍興奮地演繹，還是例行公事式演講？前者的話，你會獲得忠實觀眾一名；後者呢，你會總算完成了一項工作。孩子的感覺敏銳，他們善於接收說話以外的訊息，投入不投入，逃不過孩子雙眼。與愛吃的雪雪看 Eric Carle 的 *The Very Hungry Caterpillar*（《好餓的毛毛蟲》）時，我們會代入為小毛蟲，一起興奮地分享每日生果。當說到星期六，毛毛蟲會吃朱古力蛋糕、雪糕、芝士、紅腸等美食時，我們都像置身其中般，「嘩，有好多嘢食呀！」，反應浮誇嗎？的確是有點，但從此以後，她認得每種食物的名稱，以及明白飲食過量的後果。

　　上周跟她看 Nick Sharratt 的 *Shark in the Park*（《公園有鯊魚》）時，繪影繪聲地自製望遠鏡扮 Timothy，演繹發現鯊魚鰭時的驚慌，再一起感受當發現不是真鯊魚後的驚喜。就這樣，*Shark in the Park* 成為了雪雪近來的指定讀物，無論在家中或出街時，都要帶著這本書，書不離手，是因為她要帶著望遠鏡去尋找她的鯊魚，而公園已變成無邊際的想像。

3. 從配樂、扮演到創造

讓孩子愛上閱讀故事，最簡單直接就是要讓他們覺得閱讀有趣。至少有三種簡單方法可供參考，第一是「配樂」，加入音樂元素或用歌聲唱出來故事，*Frozen* 的 *Let it go* 是一例，像雪雪這年齡的幼兒，只是一本「Brown Bear, Brown Bear, What do you see?」已經可以唱勻 9 種動物再加上老師和小朋友，一首歌一本書，

孩子已認識了 10 種不同生物的名稱。第二是「角色扮演（Role Play）」，上文也提供了一些演繹例子，也許是個人感情投射，雪雪對有媽媽和ＢＢ角色的故事特別喜愛。透過 Role Play，讓他人的故事，成為了孩子自己的故事。第三是「延伸故事」，我們可以先預備一個故事箱，內有不同道具，方便孩子隨時加入新元素進行創作演繹，以開放式的問題引導孩子自行把故事發展下去。

　　把孩子由聽故事者，慢慢過渡成為說故事者，由孩子創造故事，這樣超越閱讀的閱讀，會讓孩子跟書結成一輩子的朋友。

Chapter 6

It's ok,
放手讓孩子經驗世界

一米以下的視點
It's OK to read the world

與雪雪每星期都有親子遊的時間，平日工作，明白周末可貴，一有空閒時間，總想帶她去遠一點、看多一點。久而久之，逢星期六日，雪雪總會閃著大眼睛對我說：「街街，街街！」

雖然每周我也帶她出外，但不是每一次，她也覺得如她所願。帶她到商場，不消一會她就拉我走；帶她到餐廳，一吃飽，她就嚷著要起程。原來在她眼中，逛商場不是「行街」、到餐廳不是出遊，似乎雪雪絲毫沒有「港女」特質。

到樓下逛逛也是好體驗

我不時就「周末好去處」傷腦筋，在她只有 1 歲多時，有次我想偷懶，只帶她到屋苑樓下逛逛，她竟然滿意地對著我笑。究竟那一次，我們看了些甚麼？

記得當中兩個小片段，她看到有「車車」在路邊駛過，先是呆呆的看，然後望向我指著車，告訴我那是一架「的士」，接著我們便一起指著每架駛過的車，逐架說出它的名稱及顏色。當日不知為何，特別多藍色私家車駛過，弄得雪雪誤以為私

家車叫「Blue car」。

第二幕是，碰巧有鄰居到樓下遛狗，雪雪先是目不轉晴，接著嘗試甩開我的手，轉頭追著小狗，還伸手摸牠，起初我還擔心她會觸怒小狗被咬。但結果顯示雪雪不單比我大膽，更比我受小動物歡迎。

事後我不禁在想，是甚麼令雪雪特別喜愛這次沒有特色的親子遊？似乎，我一直只用大人的眼光去看世界，忽略了原來還是很小朋友的雪雪，對「車車」和「汪汪」這些一米以下的東西，才是視線所在，才是她看得懂、看得到的世界。

漸漸我發現，除了睇「車車」追「汪汪」、跟著同齡的小朋友、摸超市最低層的貨架、看「成功爭取」的 Banner 等，原來都是她的興趣。

可惜的是香港大部份的城市設計，都是以成年人的視線為依歸，腰線以下的，都不被重視。要做一個家庭友善的城市，不妨從小孩的角度，看看如何做「小孩友善」的設計。

小孩認路靠「地標」

曾到過日本，便不難發現當地不少坑渠蓋上有特色設計，倉敷市的消防喉蓋及

群馬縣草津溫泉附近的渠蓋，圖像鮮明，文字清晰，小朋友一看便知，走往這路途上會經過消防喉管，還可以趁機讓小孩知道蓋上的紅色車是「消防車」，以及去浸溫泉之前，能在路上看到「雪」姐姐。

認路，是小孩子其中一個原始技能，他們會靠心中的「地標」去幫助小腦袋承載曾到過的地方，他們會記得曾買過「包包」的超市、看過「魚魚」的酒樓，還有那個有大哥哥一齊玩的阿姨屋企等等。單單一個有圖案的渠蓋，便能幫助他們記憶。

不少父母都怕塗鴉，尤其是小朋友亂畫一通的塗鴉。先別討論小朋友的世界有沒有亂畫這課題，試想想若香港能有像下圖這幅紐西蘭鯊魚牆一樣的塗鴉，既吸引小朋友的目光，亦能推動反對捕吃魚翅的可持續發展概念，何樂而不為？牆壁，隨著小孩的成長，視點會改變，小孩子既可不斷比劃自己今年的身高已達哪條鯊魚，父母更可藉此與他們討論環保議題，簡簡單單的牆上圖畫，已可令孩子的成長變得不一樣。

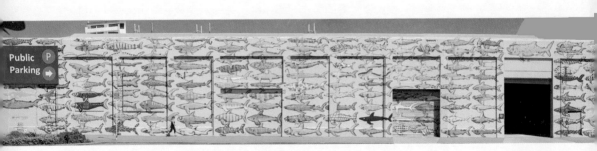

圖片來源：http://bmdisyourfriend.com/te-papa-shark-wall/

圖片來源：http://backstagebastards.com/gallery/ottograph-ipainteveryday/

色彩繽紛的磚頭工程

即使不能改變渠蓋，也可以嘗試改變磚頭，當然不是像我們的政府一樣，在夾縫中加上膠水。試參考荷蘭阿姆斯特丹 Wjdesteeg 街上的磚頭改造工程，塗上繽紛色彩，小孩子必定能在當中發掘 100 種不同的遊戲。今日試每步都走在紅色磚頭上、明天踏藍色、後天踩綠色；星期日跳彩虹色。只是一點色彩，再平凡的路，也可以變成遊樂場。

渠蓋、牆身、磚頭，看似沒有任何設計可言的城市建設，其實都可以是教材。這些設計除了幫助小孩認路及遊玩，也是幼兒教育的重要部份，在課室內聽老師傳授知識，固然是一個學習方法；把教育由班房搬到日常生活，這就是成長的過程。

作為父母，與其像我當日一樣費煞思量，努力尋找讓孩子可多看一點、多學一點的機會之前，不如先彎身多一點，從孩子的高度、角度看事物，你會發現，一切，原來不一樣。

日常敲擊樂
It's OK to hear the world

沈爸爸通常都是家中最晚回來的一員，不過當他每次回家時，雪雪總是第一個察覺的。她能在大門未打開之先，單憑電梯開關及走廊傳來的聲音，就認出那是爸爸的步伐。然後逕自走近門口，迎接爸爸回家。

孩子能認出爸爸的步伐聲

起初我總驚嘆，以為這小朋友要麼就是與爸爸心有靈犀，要麼就是聽力驚人。

回頭一想，其實一切都不難理解。早在孩子出生之前，他們已開始用耳朵去認識這個世界。因此，嬰兒在出世後會對媽媽的聲音特別敏感，或對曾在媽媽肚中聽過的音樂或聲音格外有印象。這些小知識，大部份媽媽在懷孕時都曾在育嬰書或媽

媽會中略有認識，孩子都是先透過聽覺接觸外界的。

因此，街上車輛駛過的聲音，樹上鳥兒的歌聲，水喉的流水聲、電梯的開關聲，全都可以成為小孩子的天線。上一篇文章談到不同的城市設計中，可加入一米以下小孩的角度，充份利用 VAK（Visual, Auditory, and Kinesthetic）三種學習模式，前面介紹過如何透過視覺（Visual）學習，這次我們嘗試與孩子用聲音（Auditory）探索世界。

家居剩餘物資玩個夠

在歐美澳紐等地，不少家庭屋前都有草地或花園，足以擺放一些戶外設施以供小朋友玩樂，下圖的音樂牆便是一例，它足以令小朋友玩個痛快。家長只要善用家居剩餘物資，包括水喉、餅乾鐵罐、煲蓋、鋁碟等「樂器」，便可湊成一套獨一無二的 Drum set，讓孩子盡情發洩精力、享受敲擊樂趣，同時讓他們用耳朵辨別不同物件發出的聲音。在這些發聲設施薰陶下，說不定能孕育出一兩個樂團的未來鼓手！

澳洲一個社區的 DIY 樂器牆
圖片來源：thewhoot.com.au

當然，我們在港都面對土地供應問題。不過，要孩子動動耳朵，不一定需要很多空間。來自英國的朋友曾跟我分享 CBeebies 兒童交響樂表演 CBeebies Prom 片段，節目將日常生活的聲音，例如地鐵聲，巴士鐘聲等融入於交響樂中，非常有趣，對孩子來說，這些聲音既熟識又新奇，難怪節目大受 0 - 5 歲小孩及家長歡迎。

膠樽通心粉變出沙鎚樂

聽音樂頻道或播放唱碟，固然是一種方法；就地取材、廢物利用，就更是另一值得推薦的做法。沒有草地花園，我們依然可以善用家中的餅罐、月餅盒，讓小朋友一嘗拍打盒子所發出的響聲；飲完樽裝水後，清潔一下膠樽，加入通心粉或波子，就能變出一種比沙鎚更有趣的新樂器。這些不用花費的玩具，都是孩子的寶藏。

雪雪也曾不止一次向我示範，她是如何透過聽覺學習。她對「煮飯仔」的玩具刀特別鍾愛，我常笑她拎著刀的樣子，有《食神》「火雞姐」的神髓。她愛玩刀不是因為她愛煮食或劈人，而是因為她自小聽慣了刀子拍打砧板的「剁肉」聲，尤其在她滿 6 個月時開始轉吃固體，我們總先會把肉剁碎才給她吃。

當她只有 8 個月，牙牙學語時，有一天她對我說：「剁⋯⋯剁⋯⋯剁。」那時，我才明白，原來她一直很好奇這些聲音的來源，

於是我買來了一套「煮飯仔」玩具，當中有木砧版連刀，以及可供剁/切的玩具食物，當菲傭姐姐在廚房剁肉時，我就拿出這套玩具，在她面前示範並發出相同的聲音。頭一次聽到這熟識的聲音，她怔怔地看著我，然後小腦袋像開始明白「剁剁剁」是怎樣一回事。往後有一段時間，每次廚房傳來切肉聲，她也拿出玩具，專注地做著相同的事，然後用笑容告訴我，她學懂了這種新技能。

以孩子的興趣出發，往往能令學習過程事半功倍，簡單如為他 / 她每一樣有興趣的動作、物件命名，已是豐富孩子聽覺領域及詞彙的第一步。小至每一段與孩子的日常對話、每一晚說睡前小故事或共讀圖書的時間，都是幫助他們善用耳朵的好機會。這些方法，不單對強於以聲音學習的 35% 小童特別奏效，也能刺激小朋友的認知發展（Cognitive Development）。

雪雪是用「心」去聽爸爸的步伐，因此，她比我們都聽得準。反而我們為人父母，常以為自己聽覺靈光，卻忘了要多聽一點的，是孩子的心聲多於他們發出的叫聲。 與孩子一同成長的路上，學習是雙向的，我讓她透過不同的聲音學習，她教我學懂甚麼是真正的聆聽。

寶寶，多謝你與媽媽一同努力！

弄髒了又何妨
It's OK to touch the world

　　雪雪第一次去 Playgroup，我當然大為緊張，甚至比自己第一天上班更為緊要，我們總不想錯過陪同孩子上人生第一課。我，當然也不例外。所謂上學，其實並沒有固定課程，整個時段也是由小朋友主導，她愛玩甚麼玩具或遊戲，都由她自己決定。我起初以為自己對她甚為了解，事前猜她到了課室，不是玩「煮飯仔」重演「雙刀火雞」，就是拿起平日最愛看的「車車」。最後，我竟沒有猜對。

孩子濕透又何妨

　　她，居然選擇了課室外的水龍頭為頭號玩具。水龍頭的吸引力，來自打在她手上流動的水，她每天也在那裡刻意弄濕自己，然後笑著告訴我：「濕晒！」。

　　在她小手踫上涼水的一刻，她用笑臉告訴我她很快樂，因為發掘了一種新的「觸感」。小朋友天生都愛探索，手和腳就是他們的信息接收器，

觸摸一草一木、感受一冷一暖，都是他們認識世界的方法。

透過觸感 學習探索

　　生活中，其實有不少可讓孩子經歷「觸感學習」(Tactile Learning) 的機會，只要我們放下一點為人父母的框框，讓他們多嘗試濕、跌、髒。這些經驗遠比紙上談兵來得深刻，與不同物件接觸的一刻，便是他們內化經歷為知識和記憶的機會。

　　仍未夠一米高的小孩，除了目光與我們不一樣，還有不少天然優勢。小孩手腳雖然短小，有時甚至看似笨手笨腳，但跌倒撞傷後的復原能力卻出奇地快，所以在透過觸感探索的學習過程中，反而多了一重保障，畢竟有時父母也要有點冒險精神，孩子才能走得更遠。

　　「玩水」是其中一種重要感官體驗，除了幼稚園有此設備，閒時也可帶孩子到訪東涌的噴水廣場和啟德郵輪碼頭的嬉水廣場。這些設計，善用城市空間，設立觸感地帶。相信不少家長也曾帶同小朋友到訪，一片平地，再加一點噴水效果，就可以讓孩子樂上半天。很多小朋友樂此不疲地站在廣場上，玩了一次又一次，等待被噴水的一刻，他們臉上無不帶著純真的笑容。父母們，別怕弄濕小孩的衣服，我們多帶一套衣服和毛巾，就能換來他們的開心無價，非常值得！

水、沙都讓小孩好奇

　　水的流動性讓小孩好奇，沙的不同質感也是另一很好的觸感媒介。沙灘固然是一大熱點，但香港不少沙灘周末常滿，加上並非每個家庭的居住地都可輕易到達沙灘，哪該去哪裡玩沙？以前，香港有不少公園內設有沙池，我小時候的沙田中央公園便是一例，可惜這種有趣的「小孩友善」設計，卻在兒童保護主義不斷加劇下，變得買少見少，現在只剩下香港公園內還有沙池。

　　康文署推出的「共融遊樂場」，以屯門公園兒童遊樂場為先導計劃試點，希望為小朋友提供多元遊戲體驗，當中採用的兩大設計主題，就是加入「水」及「沙」的元素。其實，近年很多商場內也開始有兒童遊樂設施，只要在旁邊多加一個小沙池，就能擴闊整個觸感光譜。別輕看這些感官上的刺激，小小的腦袋正是由一點一

滴的經歷開始建構。希望這個新的兒童遊樂場能盡快落成，讓小孩子多一個樂土。

小手的觸感故然重要，腳踏的感覺也不容忽視。在外地，不少小朋友（甚至大人）喜愛脫掉鞋子走在草地上，在本地，我們可能接受不了地上的骯髒，但足下感覺，是培養小孩子安全感的重要一環。在港清潔而沒有碎石或垃圾的草地甚少，大球場、運動場的草地質素也不敢恭維，好不容易才找到個像樣的草地讓小孩赤腳跑跳一下。除了缺少草地，香港的大樹也非常有限，能讓小朋友攀爬的更為稀有，樹木除了被圍起，還噴上殺蟲藥，實在難以放心讓小朋友觸摸。

希望不用多久，赤腳跑草地這一類最好玩的原野經歷，可以重現本土，在安全情況下，讓小孩子有更多觸感刺激。

FAM 12

跟孩子說OK
釋放孩子的99種可能

作者	吳凱霖 (Bonnie)
出版經理	呂雪玲
責任編輯	何欣容
資料收集	陳永康
封面設計	W Chan
書籍設計	W Chan
相片提供	吳凱霖、Thinkstock

出版	天窗出版社有限公司 Enrich Publishing Ltd.
發行	天窗出版社有限公司 Enrich Publishing Ltd.
	香港九龍觀塘鴻圖道78號17樓A室
電話	(852) 2793 5678
傳真	(852) 2793 5030
網址	www.enrichculture.com
電郵	info@enrichculture.com

出版日期	2018年2月初版

承印	嘉昱有限公司
	九龍新蒲崗大有街26-28號天虹大廈7字樓
紙品供應	興泰行洋紙有限公司

定價	港幣 $118　新台幣 $480
國際書號	978-988-8395-65-1
圖書分類	(1) 親子教養

支持環保　此書紙張經無氯漂白及以北歐再生林木纖維製造，並採用環保油墨。